すもう道まっしぐら!

豪栄道豪太郎・著

集英社みらい文庫

豪《ごう》栄《えい》道《どう》豪《ごう》太《た》郎《ろう》

とは…

職業《しょくぎょう》◉大相撲力士《おおずもうりきし》

本名《ほんみょう》◉澤井豪太郎《さわいごうたろう》

愛称《あいしょう》◉ごうちゃん、ごうたろう

生年月日《せいねんがっぴ》◉ 1986年《ねん》4月《がつ》6日《か》

出身《しゅっしん》◉大阪府寝屋川市《おおさかふねやがわし》

所属《しょぞく》◉境川部屋《さかいがわべや》

血液型《けつえきがた》◉ B型《がた》

身長《しんちょう》◉ 183.0cm

体重《たいじゅう》◉ 161.0kg

ベンチプレス：170kg
視力《しりょく》
(右《みぎ》)：1.0 (左《ひだり》)：1.0
上腕《じょうわん》
(右《みぎ》)：49cm
上腕《じょうわん》
(左《ひだり》)：49cm
握力《あくりょく》
(右《みぎ》)：75kg
握力《あくりょく》
(左《ひだり》)：80kg
手《て》のサイズ
(右《みぎ》)：20cm
手《て》のサイズ
(左《ひだり》)：20cm
足《あし》のサイズ
(右《みぎ》)：29.5cm
足《あし》のサイズ
(左《ひだり》)：29.5cm

目次《もくじ》

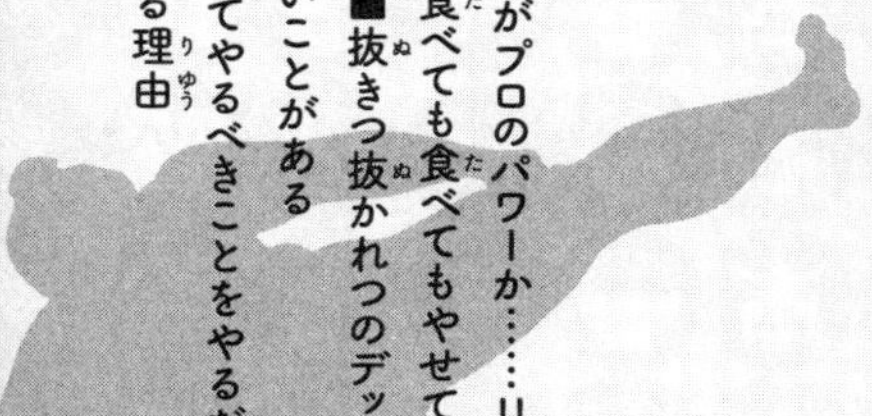

目《め》の前《まえ》にいる相手《あいて》をたおさなければ先《さき》はない。
数秒後《すうびょうご》には勝負《しょうぶ》はついている。
勝《か》てば天国《てんごく》、負《ま》ければ地獄《じごく》。
汗《あせ》がほとばしる。
汗《あせ》をふく。
塩《しお》をまく。
相手《あいて》をにらみつける。
歓声《かんせい》がわく。
心《こころ》はしずかだ。
汗《あせ》をふく。
塩《しお》をまく。
相手《あいて》をにらみつける。
さぁ、勝負《しょうぶ》だ。
「待《ま》ったなし」

行司《ぎょうじ》の声《こえ》が聞《き》こえる。
ギリギリまで集中力《しゅうちゅうりょく》を高《たか》める。
——いまだ！
全力《ぜんりょく》で前《まえ》へでる。
全身《ぜんしん》で相手《あいて》にぶつかる。
自分《じぶん》の力《ちから》を信《しん》じて。
ただ、前《まえ》へ。

「はっけよい！　のこった、のこった！」
たった数秒間《すうびょうかん》の真剣勝負《しんけんしょうぶ》。
この一瞬《いっしゅん》のために生《い》きる。
15日間《にちかん》、毎日《まいにち》つづく男《おとこ》の世界《せかい》。
それが、大相撲《おおずもう》。
2016年《ねん》9月《がつ》、大相撲秋場所《おおずもうあきばしょ》。
このきびしい勝負《しょうぶ》の世界《せかい》で、ぼくは念願《ねんがん》の初優勝《はつゆうしょう》を、15戦全勝《せんぜんしょう》で達成《たっせい》した。

「これは夢《ゆめ》じゃないのか」

何度《なんど》もそんな思《おも》いがこみあげ、これまで勝《か》って泣《な》いたことは一度《いちど》もなかったのに、自然《しぜん》となみだがでてきました。

高校《こうこう》3年生《ねんせい》の1月《がつ》に境川部屋《さかいがわべや》に入門《にゅうもん》して、大相撲《おおずもう》の力士《りきし》になってから12年《ねん》。長《なが》い時間《じかん》をかけて、ようやくつかんだ初優勝《はつゆうしょう》。

優勝《ゆうしょう》までの道《みち》のりは、苦《くる》しいことの連続《れんぞく》で、大関《おおぜき》という地位《ちい》に見《み》あった成績《せいせき》をのこせず、批判《ひはん》を受《う》けたこともありました。

みじめな思《おも》いをすることも多《おお》く、とくに大関《おおぜき》に昇進《しょうしん》してからは、あいつぐケガで自分《じぶん》の思《おも》うようなすもうが取《と》れない日々《ひび》。正直《しょうじき》、投《な》げだしたくなるときもありました。

そんななかでもぼくが優勝《ゆうしょう》できた理由《りゆう》は、2つあると思《おも》っています。

ひとつは、あきらめなかったこと。

もうひとつは、まわりに支《ささ》えてくれる人《ひと》たちがいたことです。

苦《くる》しい日々《ひび》のなかで自分《じぶん》に言《い》い聞《き》かせていたのは、「ぜったいにあきらめない」ということです。それは、自分《じぶん》を支《ささ》えてくれるまわりの人《ひと》たちに、かならず優勝《ゆうしょう》して恩返《おんがえ》しをしたい、という思《おも》いがあったからです。

師匠《ししょう》の境川親方《さかいがわおやかた》、おかみさん、恩師《おんし》、両親《りょうしん》、そして落《お》ち目《め》のときにもずっと応援《おうえん》しつづけてくれた人《ひと》たちは、いつも親身《しんみ》になって、ときにはきびしく、ときにはあたたかい言葉《ことば》をかけてくれました。そんなまわりの人《ひと》たちに恩返《おんがえ》しするためにも、いま、自分《じぶん》ができるかぎりのことを積《つ》み重《かさ》ねようと思《おも》いました。

そうしてあきらめないでつづけてきたことが、全勝優勝《ぜんしょうゆうしょう》につながったと確信《かくしん》しています。

ぼくは小学《しょうがく》1年生《ねんせい》からすもうをはじめました。

きっかけは、両親《りょうしん》に無理《むり》やりすもう大会《たいかい》に出場《しゅつじょう》させられたことでした。子供《こども》のころはきらいなすもうでしたが、勝《か》ったよろこび、負《ま》けたくやしさを重《かさ》ねていくうちに、自然《しぜん》と学《まな》んだことがあります。

それは「がまん」です。

ぼくはすもうでこの「がまん」することの大切《たいせつ》さを学《まな》びました。

「がまん」してひとつのことをつづけていると、目標《もくひょう》が生《う》まれます。

たとえ、もし目標《もくひょう》を達成《たっせい》できなくても、一日《にち》一日《にち》がんばっていれば、いっしょうけんめいに生《い》きた道《みち》がのこります。

そう信《しん》じて、31歳《さい》になったいまも、大相撲《おおずもう》のきびしい世界《せかい》で日々《ひび》戦《たたか》っています。

この本《ほん》では、これまでぼくがどんなすもう人生《じんせい》を歩《あゆ》んできたか、みなさんにお伝《つた》えしたいと思《おも》っています。ぼくの小学生時代《しょうがくせいじだい》からの「すもう」への取《と》り組《く》みを読《よ》んで、ひとりでも多《おお》くの子供《こども》たちが「なにかひとつのことにがんばって打《う》ちこんでみよう」と思《おも》ってくれたら、幸《しあわ》せです。

豪栄道《ごうえいどう》　豪太郎《ごうたろう》

1 わんぱく小《しょう》学《がく》生《せい》編《へん》

やんちゃ坊主《ぼうず》、誕生《たんじょう》

1986年《ねん》4月《がつ》6日《か》、ぼくは大阪府寝屋川市《おおさかふねやがわし》で生《う》まれました。生《う》まれたときの体重《たいじゅう》は4380グラム。

ふつう赤《あか》ちゃんは3000グラムぐらいで生《う》まれてくるので、かなり大《おお》きな赤《あか》ちゃんだったと思《おも》います。お腹《なか》のなかにいるときから大《おお》きすぎて、母《はは》が車《くるま》の運転《うんてん》をするときにはハンドルとお腹《なか》がこすれるほどだったらしいです。

元気《げんき》に生《う》まれてきたぼくは、「澤井豪太郎《さわいごうたろう》」と名《な》づけられました。

6歳上《さいうえ》の姉《あね》のつぎに生《う》まれた澤井家《さわいけ》の長男《ちょうなん》だったので、両親《りょうしん》は男《おとこ》の子《こ》らしい名前《なまえ》にしたかったそうです。

男《おとこ》の子《こ》らしい名前《なまえ》といえば「太郎《たろう》」。さらに「豪華《ごうか》で大《おお》きい」というイメージから「豪《ごう》」という文字《もじ》をひらめき、「**もっとも豪華《ごうか》で大《おお》きな太郎《たろう》**」という意味《いみ》をこめて「**豪太郎《ごうたろう》**」と命名《めいめい》されました。

赤《あか》ちゃんのころから活発《かっぱつ》で、とにかく動《うご》きまわることが大好《だいす》き。生《う》まれてから8ヶ月《かげつ》をすぎると歩《ある》きはじめ、ときには走《はし》ることもあったそうです。

水遊《みずあそ》び大好《だいす》き！「もう帰《かえ》るよ」と言《い》われるまでずっと遊《あそ》んでいた。

一番《いちばん》のお気《き》にいりは水遊《みずあそ》びで、家《いえ》のお風呂場《ふろば》でも公園《こうえん》でも、水《みず》があるとよろこんで自分《じぶん》から入《はい》って楽《たの》しんでいたと聞《き》きました。

ある日《ひ》、家族《かぞく》で旅行《りょこう》に行《い》ったときのこと。ホテルのプールサイドで遊《あそ》んでいたぼくは、とつぜん、大人用《おとなよう》の深《ふか》いプールに頭《あたま》から飛《と》びこんでしまいました。

少《すこ》しはなれたところにいた母《はは》は、

「おぼれる！」

とあわてて助《たす》けにきました。すると、ぼくは自然《しぜん》にプカリとうかんできて、泣《な》くどころかキャッキャッと大《おお》よろこびで笑《わら》っていたそうです。

ぼくはまったく記憶《きおく》にないのですが、この話《はなし》を聞《き》くと、自分《じぶん》のことながら「なんて怖《こわ》いもの知《し》らずの赤《あか》ちゃんだったんだろう」と、ぞっとします。

将来《しょうらい》の夢《ゆめ》は、ワニ!?

父《ちち》は公務員《こうむいん》、母《はは》は小学校《しょうがっこう》の指導員《しどういん》で、両親《りょうしん》ともに働《はたら》いていました。昼間《ひるま》は親《おや》が家《いえ》にいないため、1歳《さい》から保育所《ほいくじょ》にあずけられて育《そだ》ちました。

保育所《ほいくじょ》では、鬼《おに》ごっこやドッジボール、泥遊《どろあそ》びなど、外《そと》で遊《あそ》ぶことが大好《だいす》きでした。

そのころなぜか夢中《むちゅう》だったのが、トカゲやヘビ、ワニなどのハ虫類《ちゅうるい》です。

たぶん、姿《すがた》やかたちが、怪獣《かいじゅう》や恐竜《きょうりゅう》に似《に》ているのがおもしろかったのだと思《おも》います。

とくに好《す》きだったのは、ワニでした。大好《だいす》きな水《みず》のなかで生活《せいかつ》しているからです。

3歳《さい》のころ、七夕《たなばた》の日《ひ》のたんざくには、保育士《ほいくし》さんにたのんでこんな願《ねが》いごとを書《か》いてもらいました。

「**大《おお》きくなったらワニになりたい**」

ワニのように「強《つよ》くなりたい」というあこがれが、そのころからあったのかもしれませ

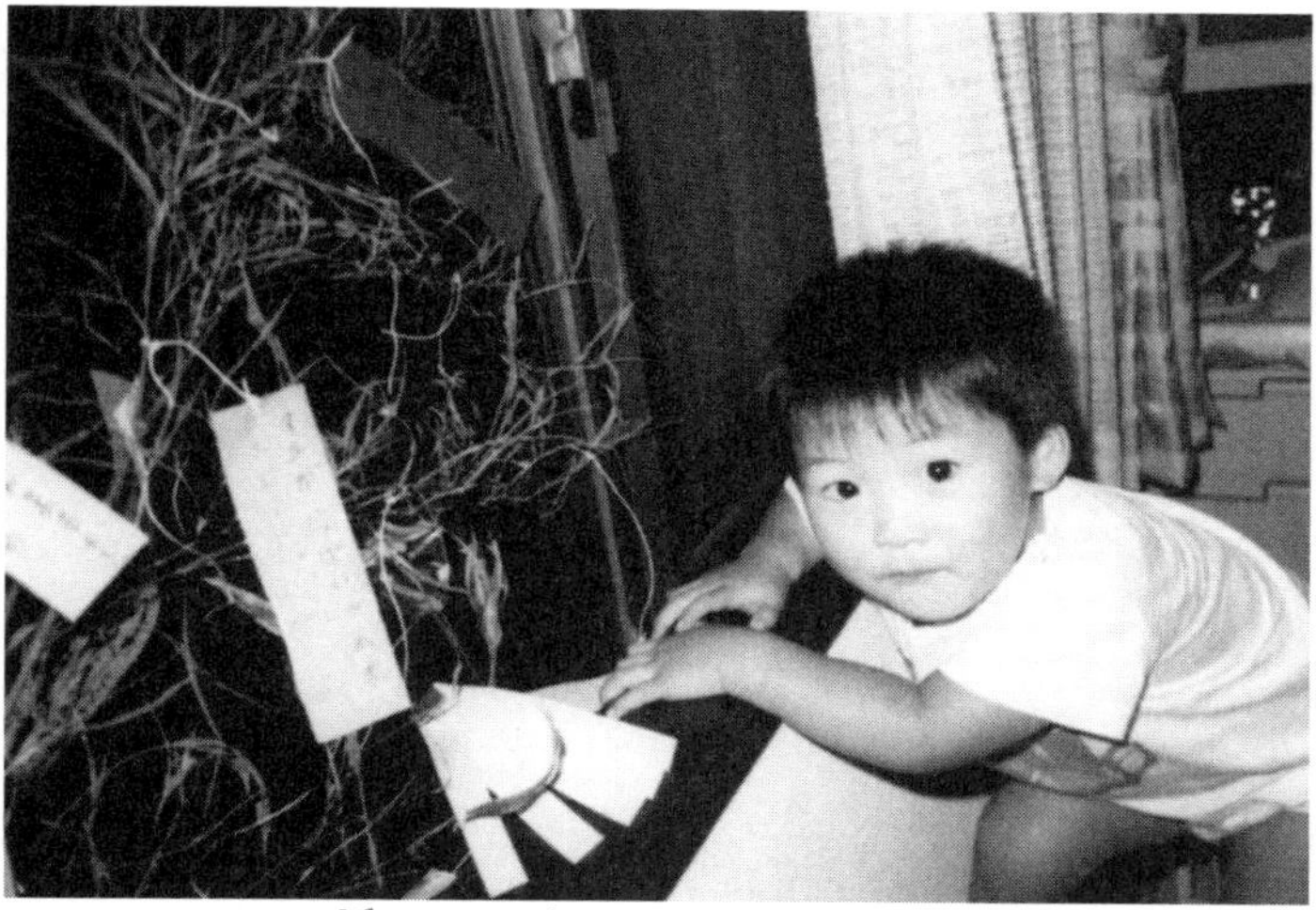

「ワニになったら、水《みず》のなかで暮《く》らせるんだ」

ん。

ハ虫類《ちゅうるい》は、小学生《しょうがくせい》になってからもずっと好《す》きでした。

小学生時代《しょうがくせいじだい》のすもうのけいこ場《ば》は、緑《みどり》豊《ゆた》かな公園《こうえん》のなかにありました。ある日《ひ》けいこのあいまに遊《あそ》んでいたぼくは、木《き》木《ぎ》のなかでヘビを見《み》つけたのです。ふつうならさわらないと思《おも》いますが、ぼくはヘビを見《み》つけたことがうれしくて、自分《じぶん》のバッグにヘビをつっこみました。

そのまま家《いえ》に持《も》って帰《かえ》ったので、母《はは》はびっくりして悲鳴《ひめい》をあげていました。

バッグを開《あ》けるとまわしといっしょにヘビが入《はい》っていたのですから、当然《とうぜん》です。

母《はは》からは、いまでも「あんなびっくりしたことない」と笑《わら》われています。

「ガキ大将《だいしょう》」伝説《でんせつ》

体《からだ》は保育所《ほいくじょ》のころから、まわりの子供《こども》たちより大《おお》きかったですね。

幼《おさな》いころは、体《からだ》が大《おお》きな子《こ》が仲間《なかま》の中心《ちゅうしん》になることがよくあると思《おも》います。

当時《とうじ》のぼくもいわゆる「ガキ大将《だいしょう》」で、みんなを引《ひ》きつれて遊《あそ》んでいました。

遊《あそ》ぶのは、ほとんど家《いえ》の外《そと》。テレビゲームの「スーパーマリオ」も好《す》きでしたが、それよりも友達《ともだち》と鬼《おに》ごっこやサッカーなどのボール遊《あそ》びをするほうが大好《だいす》きでした。

友達《ともだち》とはケンカらしいケンカはしたことがなかったと思《おも》います。体《からだ》が大《おお》きかったので、みんなが怖《こわ》がっていたのかもしれません。

実際《じっさい》、ずいぶんえらそうにしていました。

自分《じぶん》では覚《おぼ》えていないけど、みんなでキックベースをしているとき、

「コントロール悪《わる》いやんけ！」

と友達《ともだち》に文句《もんく》を言《い》って、その子《こ》に自転車《じてんしゃ》を投《な》げつけたこともあったそうです。

姉《あね》と。ケンカもしたけど、よくかわいがってくれた。

（いまさらだけど、ごめんなさい！）

ただ、家《いえ》では姉《あね》にかないませんでした。ふだんは姉《あね》とは仲《なか》が良《よ》くて、おもしろいテレビ番組《ばんぐみ》や、はやっていることなどいろいろ教《おし》えてもらっていました。でも、たまにケンカになると、ぜったい勝《か》てません。なにしろ年《とし》が6歳《さい》も上《うえ》なので、ぼくが保育園《ほいくえん》のときには姉《あね》は小学校高学年《しょうがっこうこうがくねん》です。それほど年《とし》の差《さ》があるので、ぼくが力《ちから》でかなうはずもありませんでした。

外《そと》ではえらそうにしていても、姉《ねえ》ちゃんには頭《あたま》があがらなかったのです。

そういえば、小学校《しょうがっこう》に入《はい》ってからだっ

たと思《おも》うのですが、あまりにも姉《あね》に腹《はら》が立《た》って、姉《あね》の大事《だいじ》にしていた自転車《じてんしゃ》をカラーバットでボコボコにたたいて、そのあとにおしっこを引《ひ》っかけたことがあります。プラスチックのバットなのでもちろん自転車《じてんしゃ》はこわれませんでしたが、大事《だいじ》な自転車《じてんしゃ》をよごされて、さすがに姉《ねえ》ちゃんも泣《な》いていたなぁ。

（姉《ねえ》ちゃん、あのときはごめんなさい！）

小学校入学《しょうがっこうにゅうがく》

1993年《ねん》、ぼくは寝屋川市立明和小学校《ねやがわしりつめいわしょうがっこう》に入学《にゅうがく》しました。小学生《しょうがくせい》になっても、ぼくはガキ大将《だいしょう》として友達《ともだち》の中心《ちゅうしん》にいました。ぼくは4月生《がつう》まれなので、同《おな》じ学年《がくねん》の子《こ》にくらべて成長《せいちょう》がはやかったのです。1年生《ねんせい》で体重《たいじゅう》は25キロほどでしたが、身長《しんちょう》130センチオーバー。学年《がくねん》で一番《いちばん》、背《せ》が高《たか》くて力《ちから》も強《つよ》かったです。

母《はは》によると、このころのぼくは「まわりに敵《てき》はおらん」とでもいうように、友達《ともだち》のなかではいばっていたようです。また、家《いえ》では中学生《ちゅうがくせい》になった姉《あね》と対等《たいとう》なような気持《きも》ちで話《はなし》をしていたので、性格的《せいかくてき》にもちょっとませていたのでしょう。

こうした態度《たいど》に母《はは》は「待《ま》った」をかけました。

ちょうど入学《にゅうがく》してから1ヶ月《かげつ》ほどたった5月《がつ》のことです。きっかけは、地域《ちいき》の回覧板《かいらんばん》でした。そこに寝屋川市《ねやがわし》でひらかれる小学生《しょうがくせい》のすもう大会《たいかい》のお知《し》らせがのっていたのです。

母《はは》は、その出場選手《しゅつじょうせんしゅ》の募集《ぼしゅう》を見《み》て、すぐにこう思《おも》ったそうです。

「すもうをやっている子《こ》なら、豪太郎《ごうたろう》より体《からだ》が大《おお》きい子《こ》がかならずいるはず。豪太郎《ごうたろう》はやんちゃでいばっとるから、そんな大《おお》きな子《こ》にコツンッとやってもらったほうがいい」

そうして、母《はは》はぼくが知《し》らないあいだにそのすもう大会《たいかい》への出場《しゅつじょう》を応募《おうぼ》しました。

1年生《ねんせい》のぼくはすもうにはまったく興味《きょうみ》がなかったし、そもそもどういう競技《きょうぎ》なのかもよく知《し》りませんでした。

「こんど、すもうの大会《たいかい》にでるからね」

そう母《はは》に言《い》われたときは、なんのことなのかさっぱりわかりませんでした。ただ、母《はは》がきめたことに7歳《さい》の子供《こども》がさからうことはできるはずもなく、イヤイヤ大会《たいかい》にでることになりました。

すもうは、はるか昔《むかし》の古代《こだい》に生《う》まれた日本《にほん》の伝統文化《でんとうぶんか》です。

長《なが》い歴史《れきし》と伝統《でんとう》があるため、日本《にほん》の「国技《こくぎ》」と呼《よ》ばれています。

試合《しあい》は、土俵《どひょう》と呼《よ》ばれる土《つち》を固《かた》めた競技場《きょうぎじょう》でおこなわれます。土俵《どひょう》は、丸《まる》いかたちをしていて、円《えん》の大《おお》きさは歴史《れきし》のなかで変《か》わってきましたが、いまでは直径《ちょっけい》4メートル55センチ。これは子供《こども》のすもうでもプロの大相撲《おおずもう》でも同《おな》じです。

戦《たたか》うときのかっこうは、はだかに「まわし」というふんどしを締《し》めるだけ。武器《ぶき》も持《も》たずに、体《からだ》ひとつで相手《あいて》にいどみます。

ルールはかんたんで、相手《あいて》を土俵《どひょう》の外《そと》にだすか、土俵《どひょう》のなかでたおせば勝《か》ちです。一瞬《いっしゅん》で勝負《しょうぶ》がつくわかりやすさと、きたえあげられた者《もの》がぶつかりあう迫力《はくりょく》。それがすもうのおもしろさだと思《おも》います。

当時《とうじ》のぼくは、もちろんそんなことを知《し》っているわけがなく、「すもうはテレビでおばあちゃんが見《み》ているもんなんや」くらいにしか思《おも》っていませんでした。

初《はじ》めてのすもう

このころは、プロのすもう「大相撲《おおずもう》」の人気《にんき》が日本中《にほんじゅう》で高《たか》まっていました。

人気《にんき》を集《あつ》めていたのが、若花田《わかはなだ》と貴花田《たかはなだ》の兄弟力士《きょうだいりきし》。1970年代《ねんだい》に活躍《かつやく》した大関《おおぜき》・貴《たか》ノ《の》花《はな》の2人《ふたり》の息子《むすこ》たちです。大人《おとな》も子供《こども》も男性《だんせい》も女性《じょせい》も、日本中《にほんじゅう》がこの兄弟《きょうだい》に注目《ちゅうもく》していて、その人気《にんき》はアイドルよりすごいものでした。

ちょうどぼくが小学校《しょうがっこう》に入学《にゅうがく》した年《とし》の1月場所《がつばしょ》で、弟《おとうと》の貴花田《たかはなだ》が大関《おおぜき》に昇進《しょうしん》し、父《ちち》と同《おな》じ「貴ノ花《たかのはな》」にしこ名《な》(力士《りきし》としての名前《なまえ》)を変《か》えました。これでますます「若貴《わかたか》ブーム」は盛《も》りあがって、大相撲《おおずもう》の人気《にんき》もどんどんあがっていきました。

とはいっても、すもうに興味《きょうみ》のない当時《とうじ》のぼくにとっては別世界《べつせかい》です。学校《がっこう》で友達《ともだち》とすもうを取《と》ったこともないし、テレビの生中継《なまちゅうけい》もほとんど見《み》たことがありません。まったく興味《きょうみ》のないすもうだったので、母《はは》にすもう大会《たいかい》にでると言《い》われたときは、気《き》が重《おも》くてしかたがありませんでした。

そんな気持《きも》ちでやってきた大会当日《たいかいとうじつ》。

短《たん》パンの上《うえ》からかんたんなまわしを締《し》めて、ぼくは初《はじ》めて土俵《どひょう》にあがりました。生《う》まれて初《はじ》めて取《と》るすもうです。ルールもよくわかりません。審判《しんぱん》の合図《あいず》と同時《どうじ》にただ前《まえ》にでて、対戦相手《たいせんあいて》を思《おも》いっきり押《お》しました。すると、相手《あいて》はかんたんに土俵《どひょう》の外《そと》にでていったのです。つぎのすもうでも同《おな》じようにすると、相手《あいて》は土俵《どひょう》の外《そと》にふっ飛《と》んでいきました。

あれよあれよというまにトーナメント戦《せん》を勝《か》ち進《すす》んでいきました。

むかえた準決勝《じゅんけっしょう》。ものすごく体《からだ》の大《おお》きな対戦相手《たいせんあいて》が立《た》ちはだかりました。たぶん、1年《ねん》生《せい》で体重《たいじゅう》は50キロを超《こ》えていて、ぼくの体重《たいじゅう》の2倍《ばい》はあったと思《おも》います。

試合前《しあいまえ》、みんなに「ぜったいにあいつに勝《か》たれへん」と言《い》われました。

その言葉《ことば》で自分《じぶん》のなかの闘志《とうし》に火《ひ》がつきました。ずっとガキ大将《だいしょう》で、負《ま》けん気《き》が強《つよ》い性《せい》格《かく》だったぼくは、

「だったらぜったいに勝《か》ったるわ」

と自分《じぶん》に言《い》い聞《き》かせて、闘志満々《とうしまんまん》で土俵《どひょう》にあがりました。

いざ、勝負《しょうぶ》。立《た》ち合《あ》いから一気《いっき》に押《お》すと、ぼくはたった一発《いっぱつ》で体重《たいじゅう》50キロの大《おお》きな相手《あいて》を土俵《どひょう》の外《そと》にふっ飛《と》ばしたのです。みんなに負《ま》けると思《おも》われていた相手《あいて》に勝《か》ったのです。

「**やったぞ!!**」

いままで感《かん》じたことのなかったようなうれしさが、体《からだ》じゅうを走《はし》りました。その感覚《かんかく》は、いまでもハッキリと覚《おぼ》えています。もしかすると、すもうのおもしろさに目覚《めざ》めた瞬間《しゅんかん》だったかもしれません。

つづく決勝戦《けっしょうせん》も、ぼくの勝《か》ち。初《はじ》めてのすもう、母《はは》にすすめられてイヤイヤ出場《しゅつじょう》した大《たい》会《かい》で、優勝《ゆうしょう》してしまったのです。

優勝《ゆうしょう》トロフィーやメダルをもらって、うれしさはますますふくらみました。母《はは》の「大《おお》きな子《こ》にコツンッとやられたほうがいい」という作戦《さくせん》で出場《しゅつじょう》したすもう大会《たいかい》でしたが、逆《ぎゃく》にぼくは「オレって強《つよ》いやん！」と自信《じしん》を持《も》つことになったのでした。

「いつすもうやめられるの？」

大会《たいかい》も無事《ぶじ》に終《お》わって、「これでもうすもうはやらなくていい」と思《おも》ってほっとしていました。ところが、この優勝《ゆうしょう》がきっかけで、すもうからはなれることができなくなったのです。

ちびっこすもう大会《たいかい》で優勝《ゆうしょう》したあと、寝屋川市《ねやがわし》の相撲連盟《すもうれんめい》の方《かた》が「ぜひ、豪太郎君《ごうたろうくん》はう

ちの道場《どうじょう》に入《はい》ってください」とスカウトにきました。熱心《ねっしん》なさそいに断《ことわ》ることができず、

「じゃあ1回《かい》だけ行《い》きます」

と練習《れんしゅう》に参加《さんか》すると、

「来週《らいしゅう》もきてね」

と言《い》われ、しぶしぶ、つぎも行《い》くと、

「来週《らいしゅう》も」

とくりかえしになり、けっきょく、やめることができなくなりました。

気《き》づいたときには、すもう道場《どうじょう》に毎週《まいしゅう》土曜《どよう》・日曜日《にちようび》に通《かよ》うことになっていたのです。

これが本当《ほんとう》にイヤでした。なぜなら、すもうをはじめたことで遊《あそ》ぶ時間《じかん》が減《へ》ってしまったからです。友達《ともだち》と外《そと》で遊《あそ》ぶことがなにより大好《だいす》きだったぼくにとって、これほど悲《かな》しいことはありません。

ほかにもイヤだったのが、まわしです。最初《さいしょ》の大会《たいかい》では短《たん》パンの上《うえ》にまわしをつけましたが、道場《どうじょう》でそのかっこうはダメ。はだかになって、直接《ちょくせつ》まわしを締《し》めなくてはいけません。おしりが丸《まる》だしなので、最初《さいしょ》はとにかくはずかしかった……。

けいこもきびしかったです。

当時《とうじ》、学校《がっこう》は第《だい》2・第《だい》4土曜日《どようび》が休《やす》みでした。学校《がっこう》が休《やす》みのときは午前《ごぜん》10時《じ》から、学校《がっこう》があるときは午後《ごご》2時《じ》から、それぞれ2時間《じかん》ぶっとおしで汗《あせ》を流《なが》していました。

道場《どうじょう》に通《かよ》いはじめた1年生《ねんせい》のころは母《はは》にしょっちゅう、「いつすもうやめられるの？」と聞《き》いていたのを覚《おぼ》えています。

地獄《じごく》の「ぶつかりけいこ」

すもうのけいこには大《おお》きく分《わ》けて2つあります。

「申《もう》し合《あ》い」と「三番《ばん》げいこ」です。

申《もう》し合《あ》いは、すもうを取《と》って勝《か》った人《ひと》が、つぎの相手《あいて》を選《えら》んでずっと取《と》りつづけるけいこです。勝《か》てばたくさんすもうを取《と》れますが、負《ま》ければ取《と》れません。強《つよ》くなるには、ひとつでも多《おお》くすもうを取《と》らなければ力《ちから》はつきませんから、みんな必死《ひっし》で勝《か》とうとします。

三番《ばん》げいこは、勝《か》っても負《ま》けても同《おな》じ相手《あいて》と連続《れんぞく》して取《と》りつづけるけいこです。同《おな》じ相手《あいて》につづけて負《ま》けるとくやしいので、つぎはぜったいに勝《か》とうと、気持《きも》ちの面《めん》がきたえられます。また、ずっと休《やす》まないで取《と》りつづけるので、スタミナも強《つよ》くなります。

当時《とうじ》、ぼくが主《おも》にやっていたのは申《もう》し合《あ》いのけいこ。

最初《さいしょ》の大会《たいかい》で対戦《たいせん》した体重《たいじゅう》50キロの子《こ》も、同《おな》じ道場《どうじょう》に入会《にゅうかい》していました。ほかにも全国《ぜんこく》レベルで強《つよ》い子《こ》がいたので、こうしたレベルの高《たか》い仲間《なかま》と何番《なんばん》も何番《なんばん》も申《もう》し合《あ》いですもうを取《と》りつづけていました。

あと、つらかったのが「ぶつかりけいこ」です。

これは、胸《むね》をだす相手《あいて》にむかってぶつかって、ひたすら押《お》しつづけるけいこです。1度《ど》や2度《ど》では終《お》わりません。何回《なんかい》もぶつかっていって、押《お》して土俵《どひょう》にころがされて、また立《た》ちあがってぶつかります。すもうで一番大切《いちばんたいせつ》な前《まえ》にでる圧力《あつりょく》がきたえられますし、なにより足腰《あしこし》が強《つよ》くなります。

しかも、ぜんぶのけいこの最後《さいご》におこなうので、体《からだ》がヘトヘトになった状態《じょうたい》でさらに追《お》いこむハードなけいこです。すもうのけいこのなかでももっともきびしいのが、ぶつかりけいこなのです。

このとき、ぼくたちに胸《むね》をだしてくれていた先生《せんせい》は、元幕下力士《もとまくしたりきし》の方《かた》でした。7歳《さい》の子《こ》供《ども》が大人《おとな》、しかも元《もと》プロ力士《りきし》の胸《むね》にぶつかるのです。あたりまえですが、力《ちから》のかぎりぶつかってもビクともしません。

まるで大《おお》きな壁《かべ》にぶつかっていくような感覚《かんかく》でした。大《おお》きな胸《むね》はぶあつくて固《かた》く、あたっては跳《は》ねかえされ、ころがされて泥《どろ》まみれになって、またぶつかって……。いつ終《お》わるのかもわからないぶつかりけいこに、最後《さいご》は泣《な》きそうになりながらあたっていきました。

いま思《おも》うと、あんな小《ちい》さな体《からだ》でよくたえたなと思《おも》います。

初《はじ》めてのくやしなみだ

道場《どうじょう》には入《はい》りましたが、けいこもきびしいしすもうはイヤだ、きらいだという気《き》持《も》ちは変《か》わりません。それよりも、ドッジボールやサッカーなど、みんなで球技《きゅうぎ》をすることのほうが大好《だいす》きでした。

このころ、野球《やきゅう》の読売《よみうり》ジャイアンツ、巨人《きょじん》のファンになりました。地元《じもと》の阪神《はんしん》タイガースではなかった理由《りゆう》は、巨人《きょじん》の試合《しあい》がいつもテレビで中継《ちゅうけい》されていたからです。ちょうど、高校野球《こうこうやきゅう》で活躍《かつやく》した松井秀喜《まついひでき》さんが巨人《きょじん》に入団《にゅうだん》したばかりのころで、その豪快《ごうかい》なホームランには胸《むね》がときめきました。松井《まつい》さんの背番号《せばんごう》55番《ばん》がまぶしかったです。

ぼくが小学《しょうがく》2年生《ねんせい》のとき、巨人《きょじん》は中日《ちゅうにち》との接戦《せっせん》を制《せい》してリーグ優勝《ゆうしょう》、そして日本《にほん》シリーズにも勝《か》ち、日本一《にほんいち》となります。強《つよ》さにあこがれていたぼくは、ますます巨人《きょじん》のファンになりました。

だから、本当《ほんとう》にやりたかったスポーツは、すもうではなくて野球《やきゅう》だったのです。

近所《きんじょ》に1年生《ねんせい》から入《はい》ることができる少年野球《しょうねんやきゅう》のチームがなかったので、1年生《ねんせい》のときはあきらめました。そして2年生《ねんせい》になって、ようやく野球《やきゅう》チームに入《はい》ることができたのですが、すでにはじめていたすもうと野球《やきゅう》の練習《れんしゅう》の両立《りょうりつ》がむずかしく、数《すう》ヶ《か》月《げつ》でやめることになってしまいます。また、すもうをはじめたのと同《おな》じ時期《じき》に、姉《あね》が通《かよ》っていた水泳教室《すいえいきょうしつ》にも入《はい》ったのですが、こちらも2年間《ねんかん》でやめました。

けっきょく、ずっとつづけられたのは、不思議《ふしぎ》なことにイヤイヤはじめたすもうだけだったのです。

ただ、ぼくのなかでもすもうへむかう姿勢《しせい》は少《すこ》しずつ変《か》わってきていました。きっかけは、負《ま》けるくやしさを覚《おぼ》えたことだったと思《おも》います。

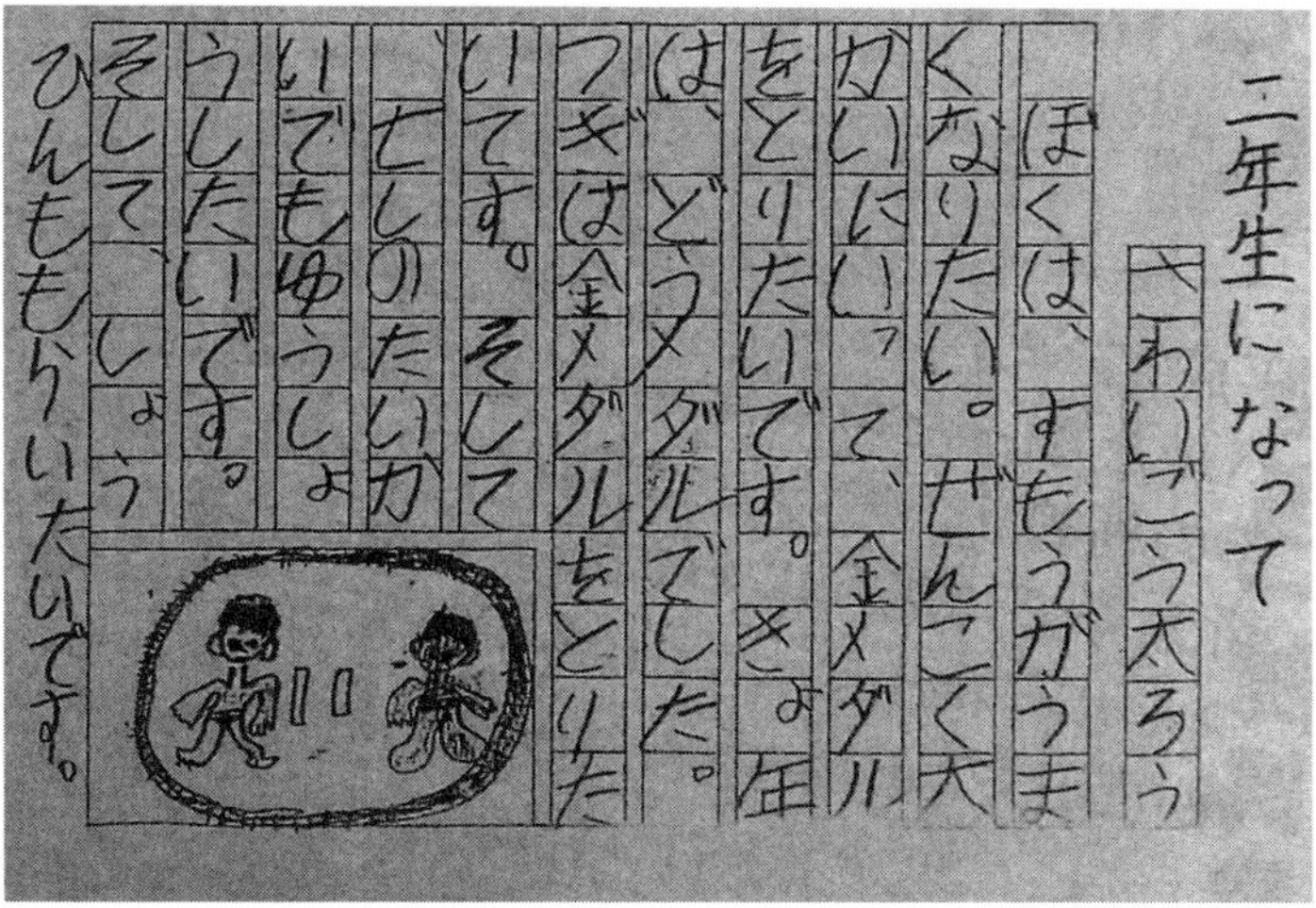
二年生になって
さわいこう太ろう
ぼくは、すもうがうま
くなりたい。ぜんこく大
かいにいって、金メダル
をとりたいです。きょ年
は、どうメダルでした。
つぎは金メダルをとりた
いです。そして
せしのたいか
いでもゆうしょ
うしたいです。
そして、しょう
ひんももらいたいです。

2年生《ねんせい》になって書《か》いた作文《さくぶん》。

1年生《ねんせい》のとき、東京《とうきょう》の立川市《たちかわし》でおこなわれる「全国少年相撲立川大会《ぜんこくしょうねんずもうたちかわたいかい》」に初《はじ》めて出場《しゅつじょう》したときのことです。ぼくは個人《こじん》戦《せん》の準決勝《じゅんけっしょう》で敗《やぶ》れて、3位《い》の成績《せいせき》に終《お》わりました。

このときはくやしくてずっと泣《な》いていました。

2年生《ねんせい》に進級《しんきゅう》したときの学校《がっこう》の作文《さくぶん》にも、そのときのくやしさをこう書《か》いています。

「ぼくは、すもうがうまくなりたい。ぜんこく大《たい》かいにいって、金《きん》メダルをとりたいです。きょ年《ねん》は、どうメダルでした。つぎは金《きん》メダルをとりたいです」

「つぎこそはぜったいに勝《か》つぞ」

という気持《きも》ちがめばえ、けいこに打《う》ちこむようになりました。

そして、1年後《ねんご》、ふたたび「全国少年相撲立川大会《ぜんこくしょうねんずもうたちかわたいかい》」の日《ひ》がやってきました。

いざ勝負《しょうぶ》だ、荒木関君《あらきぜきくん》！

2年生《ねんせい》になってからは、関西地区《かんさいちく》の大会《たいかい》にでるとほとんど負《ま》けることがなくなっていました。道場《どうじょう》でもレベルの高《たか》い仲間《なかま》とけいこしていたので、ぼくは「今年《ことし》は立川大会《たちかわたいかい》で優勝《ゆうしょう》するぞ」と自信《じしん》でいっぱいでした。

個人戦《こじんせん》で順調《じゅんちょう》に決勝《けっしょう》まで勝《か》ち進《すす》み、優勝《ゆうしょう》を争《あらそ》うことになった相手《あいて》は、青森《あおもり》・五所川原《ごしょがわら》の荒木関賢悟君《あらきぜきけんごくん》。荒木関君《あらきぜきくん》は、後《のち》にプロには行《い》きませんでしたが、アマチュアの「全日本実業団相撲選手権大会《ぜんにほんじつぎょうだんすもうせんしゅけんたいかい》」で3度《ど》も優勝《ゆうしょう》するほどの成績《せいせき》をのこした選手《せんしゅ》です。

ぼくは自信満々《じしんまんまん》でむかっていきましたが、いままで経験《けいけん》したことのない強烈《きょうれつ》な突《つ》っ張《ぱ》りをあび、一気《いっき》に土俵際《どひょうぎわ》まで追《お》いこまれました。懸命《けんめい》にこらえて前《まえ》にでた瞬間《しゅんかん》。荒木関君《あらきぜきくん》がしかけた絶妙《ぜつみょう》のタイミングでのはたきをもらって、どたっと前《まえ》にたおれてしまいました。

なにもできない完敗《かんぱい》です。強《つよ》いと思《おも》っていたぼくの自信《じしん》は、粉々《こなごな》に打《う》ちくだかれました。

「なんて全国《ぜんこく》は広《ひろ》いのだろう。自分《じぶん》が知《し》らないところでこんな強《つよ》いヤツがいるなんて」

大《おお》きなショックを覚《おぼ》えましたが、この負《ま》けたくやしさがぼくを変《か》えました。

「来年《らいねん》はぜったいに荒木関君《あらきぜきくん》に勝《か》つ」

そう心《こころ》にちかったぼくは、いままで以上《いじょう》にけいこに打《う》ちこむようになったのです。あれほど母《はは》に言《い》っていた「すもうをやめたい」という言葉《ことば》も、まったく言《い》わなくなりました。

道場《どうじょう》だけでなく、自宅《じたく》でもけいこをするようになりました。父《ちち》が買《か》ってきた畳《たたみ》一畳《じょう》をリビングルームにしいて、毎晩《まいばん》その上《うえ》でしこを300回踏《かいふ》みました。父《ちち》がビールを飲《の》みながら見守《みまも》っていたのを覚《おぼ》えています。

「しこ」は、すもうのけいこのなかでもっとも基本的《きほんてき》な方法《ほうほう》です。中腰《ちゅうごし》の姿勢《しせい》で足《あし》を左右《さゆう》にかわるがわる高《たか》くあげて、地面《じめん》を踏《ふ》む動《うご》きをくりかえすことで、足腰《あしこし》をきたえます。

自宅《じたく》での特訓《とっくん》は父《ちち》にすすめられたものでした。正直《しょうじき》、毎日《まいにち》300回《かい》もしこを踏《ふ》むことはつらかったです。1年生《ねんせい》のときならイヤイヤやっていたと思《おも》います。でも、負《ま》けたことがくやしかったぼくは、「これをやらなくては強《つよ》くなれないんや」と考《かんが》えるようになっていました。毎晩《まいばん》、しこをずっとつづけてきたので、畳《たたみ》はすり減《へ》ってへこむほどでした。

ぼくはすもうに熱中《ねっちゅう》するように変《か》わってきていたのです。


もう一度《いちど》勝負《しょうぶ》だ、荒木関君《あらきぜきくん》!!


小学《しょうがく》3年生《ねんせい》になってからは、道場《どうじょう》もそれまでとはちがうところに通《かよ》うようになりました。けいこ日《び》は週《しゅう》2回《かい》から4回《かい》に増《ふ》えて、学校《がっこう》がある日《ひ》は夕方《ゆうがた》4時《じ》からときには夜《よる》10時《じ》までと、時間《じかん》も一気《いっき》に長《なが》くなりました。

学校《がっこう》から帰《かえ》ると電車《でんしゃ》ですもう道場《どうじょう》にむかい、ヘトヘトになるまで汗《あせ》を流《なが》して帰《かえ》ってきて、晩《ばん》ごはんを食《た》べたらつかれてすぐに寝《ね》る毎日《まいにち》。大好《だいす》きだった友達《ともだち》と遊《あそ》ぶ時間《じかん》は、ほとんどなくなりました。また、正直《しょうじき》、勉強《べんきょう》する時間《じかん》もまったくありませんでした。

それでもたえることができたのは、「荒木関君《あらきぜきくん》に勝《か》つ」という大《おお》きな目標《もくひょう》があったからです。強《つよ》くなるためにはこのきびしさが必要《ひつよう》なんだ、と自分《じぶん》に言《い》い聞《き》かせて、道場《どうじょう》に通《かよ》っていました。

勝《か》ったらなにかを買《か》ってくれるとか、ごちそうを用意《ようい》してくれるとか、そういうごほうびはとくにありませんでした。大会《たいかい》で勝《か》つとメダルがもらえたくらいです。でも、それがうれしくて、「つぎはあのメダルをとろう」と練習《れんしゅう》のはげみにしていました。

そうやって目標《もくひょう》がある日々《ひび》は心身《しんしん》ともに充実《じゅうじつ》していて、いつのまにかぼくの生活《せいかつ》はすもう中心《ちゅうしん》になっていったのです。

そして1年後《ねんご》、同《おな》じ立川大会《たちかわたいかい》の日《ひ》をむかえました。

個人戦《こじんせん》でぼくは勝《か》ち進《すす》み、別《べつ》のブロックでは荒木関君《あらきぜきくん》もあがってきました。

むかえた決勝戦《けっしょうせん》。対戦相手《たいせんあいて》は荒木関君《あらきぜきくん》です。ぼくにとって待《ま》ちに待《ま》った対戦《たいせん》です。

この日《ひ》のためにがんばってきた1年間《ねんかん》。

気持《きも》ちを高《たか》めて土俵《どひょう》にあがり、いざ、勝負《しょうぶ》のとき。

「はっけよい！　のこった、のこった！」

立《た》ち合《あ》いで荒木関君《あらきぜきくん》は、また強烈《きょうれつ》な突《つ》っ張《ぱ》りをくりだしてきます。ぼくは1年前《ねんまえ》と同《おな》じように土俵際《どひょうぎわ》まで追《お》いこまれましたが、こんどはふっ飛《と》ばされません。懸命《けんめい》にこらえて反撃《はんげき》するチャンスをうかがい、下《した》から攻《せ》めて下手《したて》を取《と》りました。

そのまま自分《じぶん》の腕《うで》を引《ひ》き付《つ》けるように出《だ》し投《な》げを打《う》って、相手《あいて》の体《からだ》をおよがせました。つぎの瞬間《しゅんかん》、荒木関君《あらきぜきくん》の体《からだ》は土俵《どひょう》の上《うえ》にころがりました。

勝利《しょうり》。

初《はじ》めての全国優勝《ぜんこくゆうしょう》、そして1年前《ねんまえ》のくやしさを晴《は》らすことができたのです。

よろこびが体《からだ》の底《そこ》からわきあがってきました。

「打倒《だとう》・荒木関《あらきぜき》」という目標《もくひょう》にむかってけいこに打《う》ちこんできた1年間《ねんかん》。きびしい毎日《まいにち》でしたが、「がんばればきっといいことがある」ということを学《まな》びました。

実《じつ》は荒木関君《あらきぜきくん》とは、翌年《よくねん》の4年生《ねんせい》のときにも、3年連続《ねんれんぞく》で立川大会《たちかわたいかい》の個人戦決勝《こじんせんけっしょう》を戦《たたか》っています。そのときはぼくの負《ま》けでした。おそらく、こんどは荒木関君《あらきぜきくん》が「打倒《だとう》・澤井《さわい》」で1年間《ねんかん》、がんばったのだと思《おも》います。

当時《とうじ》、荒木関君《あらきぜきくん》と会話《かいわ》を交《か》わしたことはほとんどありません。それでも、おたがいの存在《そんざい》を意識《いしき》して高《たか》めあえる最高《さいこう》のライバルだったと思《おも》います。成長《せいちょう》するためには、こうした「ライバルの存在《そんざい》」が大切《たいせつ》なんだ、ということも教《おし》えられました。

3年生《ねんせい》の夏《なつ》。やっぱり水辺《みずべ》で遊《あそ》ぶのが一番楽《いちばんたの》しかった。

すもうのあいまの楽《たの》しみ

週《しゅう》4回《かい》、多《おお》いときには6回《かい》も道場《どうじょう》に通《かよ》うようになったので、自由《じゆう》に遊《あそ》べる時間《じかん》はほとんどありませんでした。友達《ともだち》と外《そと》で遊《あそ》ぶことがなにより好《す》きだったぼくにとって、このけいこが休《やす》みの日《ひ》がとてもうれしくて、すごく待《ま》ち遠《どお》しい日《ひ》になりました。

すもうをはなれて野球《やきゅう》とかサッカーとか大好《だいす》きな球技《きゅうぎ》を友達《ともだち》と楽《たの》しみました。100円《えん》のおこづかいを持《も》って友達《ともだち》と駄菓子屋《がしや》さんへ行《い》って、10円《えん》ガムとかビッグカツとかを買《か》って食《た》べたのもいい思《おも》い出《で》です。

テレビのアニメ番組《ばんぐみ》も楽《たの》しみでした。好《す》きだったのは「北斗《ほくと》の拳《けん》」と「ドラゴンボール」。「北斗《ほくと》の拳《けん》」の主人公《しゅじんこう》、ケンシロウの生《い》きかたと強《つよ》さには、子供心《こどもごころ》にあこがれましたね。

マンガも大好《だいす》きで、週《しゅう》1回《かい》の「週刊少年《しゅうかんしょうねん》ジャンプ」の発売日《はつばいび》が待《ま》ち遠《どお》しかったです。一番夢中《いちばんむちゅう》になって読《よ》んでいたのは、アニメと同《おな》じ「ドラゴンボール」と「スラムダンク」。とくにバスケットボールマンガの「スラムダンク」は、主人公《しゅじんこう》の桜木花道《さくらぎはなみち》がバスケットの技術《ぎじゅつ》と同時《どうじ》に人間的《にんげんてき》にも成長《せいちょう》していく姿《すがた》にひかれました。

勉強《べんきょう》はあまり好《す》きではありませんでした。漢字《かんじ》の練習《れんしゅう》とか、とくにきらいでしたね。学校《がっこう》で一番《いちばん》好《す》きだったのは体育《たいいく》の授業《じゅぎょう》で、やっぱり球技《きゅうぎ》が一番楽《いちばんたの》しかったです。

ただ、苦手《にがて》だった体育《たいいく》の課題《かだい》もあって……。鉄棒《てつぼう》のさかあがりです。ほかの友達《ともだち》ができているのに自分《じぶん》ができないのがくやしくて、授業《じゅぎょう》はもちろん、休《やす》み時間《じかん》にも集中《しゅうちゅう》してさかあがりの練習《れんしゅう》をくりかえしました。すると、できなかったさかあがりが、いつのまにかかんたんにできるようになったのを覚《おぼ》えています。

すもうで学《まな》んだ、あきらめずに立《た》ちむかう姿勢《しせい》が生《い》かされた結果《けっか》だったかもしれません。

学校以外《がっこういがい》は、すもうのけいこにほとんどの時間《じかん》を割《さ》いていたので、友達《ともだち》と遊《あそ》んですごしたり、週《しゅう》1回《かい》「ジャンプ」を読《よ》んだりする時間《じかん》はとても大事《だいじ》にしていました。

そうした貴重《きちょう》で楽《たの》しい時間《じかん》が、そのころのぼくの支《ささ》えだったのです。

当時《とうじ》の友達《ともだち》とはずっと仲《なか》が良《よ》くて、いまも1年《ねん》に1回《かい》、同窓会《どうそうかい》みたいなかたちで集《あつ》まっています。子供《こども》のときの自分《じぶん》を知《し》っている友人《ゆうじん》とは、なんでも話《はな》すことができますし、会《あ》うとすぐにあのころの気持《きも》ちにもどることができます。そうやって損得《そんとく》なしにつきあえる友人《ゆうじん》がいることは、本当《ほんとう》にありがたいですね。

あこがれのすもうの聖地《せいち》、両国国技館《りょうごくこくぎかん》

道場《どうじょう》でのけいこの内容《ないよう》は、とにかくきびしいものでした。申《もう》し合《あ》いのけいこでは、50勝《しょう》するまであがることがゆるされません。とにかく勝《か》たなければけいこが終《お》わらないので、必死《ひっし》でした。ぶつかりけいこもめちゃくちゃ長《なが》い時間《じかん》ぶつかっていました。それでも、が

まんしてたえればそれだけ同時《どうじ》に強《つよ》くなっていく実感《じっかん》があったので、充実《じゅうじつ》していました。
大相撲《おおずもう》のテレビ中継《ちゅうけい》も見《み》るようになりました。そのころ横綱《よこづな》になった貴乃花関《たかのはなぜき》の強《つよ》さにあこがれ、ファンになりました。体重《たいじゅう》２００キロを超《こ》える曙関《あけぼのぜき》、武蔵丸関《むさしまるぜき》という外国出身《がいこくしゅっしん》の大《おお》きな力士《りきし》に真《ま》っ向《こう》からぶつかって勝《か》つ姿《すがた》はかっこう良《よ》かったです。

そんな貴乃花関《たかのはなぜき》が活躍《かつやく》しているのと同《おな》じ両国国技館《りょうごくこくぎかん》の土俵《どひょう》に、小学《しょうがく》４年生《ねんせい》の夏休《なつやす》み、ぼくも立《た》つことになります。

当時《とうじ》、小学生《しょうがくせい》のすもうで大《おお》きな全国大会《ぜんこくたいかい》といえば、「立川大会《たちかわたいかい》」と、毎年夏休《まいとしなつやす》みに開催《かいさい》される「わんぱく相撲全国大会《ずもうぜんこくたいかい》」の２大会《たいかい》。立川大会《たちかわたいかい》は１年生《ねんせい》から出場《しゅつじょう》できるのですが、わんぱく相撲《ずもう》は４年生《ねんせい》からの大会《たいかい》です。ぼくは４年生《ねんせい》で、大阪府代表《おおさかふだいひょう》としてわんぱく相撲《ずもう》へ出場《しゅつじょう》することがきまりました。

そしてそのわんぱく相撲《ずもう》の舞台《ぶたい》が、東京《とうきょう》・墨田区《すみだく》にある両国国技館《りょうごくこくぎかん》だったのです。

ＪＲ両国駅《ジェイアールりょうごくえき》の改札口《かいさつぐち》を抜《ぬ》けると、迫力《はくりょく》のある国技館《こくぎかん》の緑色《みどりいろ》の屋根《やね》がすぐに見《み》えてきます。１万人《まんにん》も入《はい》る館内《かんない》には、２階席《かいせき》を一周《いっしゅう》するように過去《かこ》の優勝力士《ゆうしょうりきし》の額《がく》が飾《かざ》られています。

まさにすもうの聖地《せいち》です。

そんな国技館《こくぎかん》で、あこがれのプロと同《おな》じ土俵《どひょう》に立《た》てるのです。だからわんぱく相撲《ずもう》は、すもうを取《と》っている子供《こども》にとって別格《べっかく》の大会《たいかい》でした。出場《しゅつじょう》がきまって、ぼくはほかの大会《たいかい》では味《あじ》わったことのない興奮《こうふん》と緊張《きんちょう》を覚《おぼ》えました。

わんぱく相撲全国大会《ずもうぜんこくたいかい》

わんぱく相撲《ずもう》に出場《しゅつじょう》する選手《せんしゅ》は、試合《しあい》の前日《ぜんじつ》に上京《じょうきょう》して、プロの相撲部屋《すもうべや》に宿泊《しゅくはく》する特典《とくてん》があります。4年生《ねんせい》のときは高田川部屋《たかだがわべや》に泊《と》まり、本物《ほんもの》の力士《りきし》と寝食《しんしょく》をともにして、緊張感《きんちょうかん》がさらに高《たか》まってきました。

ぼくはその大会《たいかい》の一番《いちばん》の優勝候補《ゆうしょうこうほ》でした。立川大会《たちかわたいかい》では3年連続《ねんれんぞく》で決勝《けっしょう》に進出《しんしゅつ》していますし、3年生《ねんせい》のときは優勝《ゆうしょう》も経験《けいけん》しています。自分自身《じぶんじしん》でも、わんぱく相撲《ずもう》で優勝《ゆうしょう》して「わんぱく横綱《よこづな》」の栄冠《えいかん》を勝《か》ちとるつもりでいました。

そして試合当日《しあいとうじつ》。

国技館《こくぎかん》は、それまでの会場《かいじょう》にない迫力《はくりょく》がありました。支度部屋《したくべや》はプロの力士《りきし》とまったく同《おな》じ場所《ばしょ》を使《つか》い、もちろん土俵《どひょう》も大相撲《おおずもう》の本場所《ほんばしょ》と同《おな》じです。

あこがれの貴乃花関《たかのはなぜき》が戦《たたか》っている土俵《どひょう》にこれから自分《じぶん》があがると思《おも》うと、みるみる緊張《きんちょう》が体《からだ》を包《つつ》んでいきました。

1回戦《かいせん》の相手《あいて》は、全国的《ぜんこくてき》にはあまり名前《なまえ》が知《し》られていない東京《とうきょう》の選手《せんしゅ》でした。

ところが――。

結果《けっか》は完敗《かんぱい》。

これは、ものすごくくやしかったです。初《はじ》めての国技館《こくぎかん》のムードに緊張《きんちょう》しすぎてしまったのだと思《おも》います。相手《あいて》というよりも、自分自身《じぶんじしん》に負《ま》けたような感覚《かんかく》になりました。

この大会《たいかい》には、同《おな》じ道場《どうじょう》で同学年《どうがくねん》の東口翔太君《とぐちしょうたくん》も出場《しゅつじょう》していました。

東口君《とぐちくん》はいまの幕内《まくうち》・勢関《いきおいぜき》です。

当時《とうじ》、東口君《とぐちくん》とは毎日《まいにち》いっしょにけいこしていましたが、ぼくは彼《かれ》を圧倒《あっとう》していました。

その東口君《とぐちくん》が「わんぱく相撲《ずもう》」で準優勝《じゅんゆうしょう》したのです。

けいこではほとんど負《ま》けたことがない東口君《とぐちくん》が全国《ぜんこく》2位《い》になり、自分《じぶん》は1回戦敗退《かいせんはいたい》に終《お》わったことで、よけいに落《お》ちこみました。

「来年《らいねん》はぜったいに優勝《ゆうしょう》しなきゃダメだ」

そう思《おも》ったのを覚《おぼ》えています。負《ま》けたことで、またあたらしい目標《もくひょう》が生《う》まれました。

それからは、いままで以上《いじょう》にけいこに取《と》り組《く》むようになりました。

高熱《こうねつ》がでた日《ひ》でもすもうの練習《れんしゅう》に通《かよ》うほどの気合《きあ》いでしたね。

母《はは》からは「熱《ねつ》があったらすもうはでけへんよ」と言《い》われましたが、ぼくはそれでも練習《れんしゅう》に行《い》くと言《い》いはって、道場《どうじょう》につれていってもらいました。

コーチにも「熱《ねつ》があるから練習《れんしゅう》できない」と帰《かえ》るように指示《しじ》されましたが、泣《な》きながら「帰《かえ》らない」と言《い》ってけいこをしました。

どんな状況《じょうきょう》でも休《やす》んだら自分《じぶん》に負《ま》けてしまうという感覚《かんかく》があったことを覚《おぼ》えています。

太《ふと》るために食《た》べまくる

体《からだ》を大《おお》きくすることもはじめました。

小学生《しょうがくせい》のすもうは、体格《たいかく》が大《おお》きい選手《せんしゅ》が圧倒的《あっとうてき》に有利《ゆうり》です。立《た》ち合《あ》いで大《おお》きな体《からだ》を生《い》かし、圧力《あつりょく》で押《お》しこんで一気《いっき》に圧倒《あっとう》するすもうが、多《おお》くの勝《か》つ選手《せんしゅ》のパターンでした。

そんなかでぼくは、身長《しんちょう》160センチ、体重《たいじゅう》は50キロぐらいでとまっていました。まわりの選手《せんしゅ》にくらべると、とてもほそくて小《ちい》さいほうです。

ぼくの場合《ばあい》は、立《た》ち合《あ》いで相手《あいて》のあたりを必死《ひっし》でこらえて、ふところにもぐりこんで頭《あたま》を付《つ》け、動《うご》きまわってまわしを取《と》り食《く》いさがる、というすもうの取《と》り口《くち》でした。外掛《そとが》けなどの足技《あしわざ》、出《だ》し投《な》げ、切《き》り返《かえ》しなどのむずかしい技《わざ》が自然《しぜん》にできる器用《きよう》さも、自分《じぶん》の武器《ぶき》でした。

それでも、5年生《ねんせい》になれば100キロ近《ちか》い体重《たいじゅう》の選手《せんしゅ》もでてくるので、立《た》ち合《あ》いの圧力《あつりょく》はものすごく、こらえて食《く》いさがるすもうがむずかしくなってきます。

大《おお》きな選手《せんしゅ》と戦《たたか》っていくには、やはり、自分《じぶん》も体重《たいじゅう》を増《ふ》やすしかないと考《かんが》えました。目標《もくひょう》は10キロ増《ぞう》の体重《たいじゅう》60キロです。

そこで、母《はは》にお願《ねが》いして、ふだんの食事《しょくじ》にくわえて寝《ね》る前《まえ》にもおにぎりなどをつくってもらい、食《た》べて大《おお》きくなることをめざしました。もともと太《ふと》りにくい体質《たいしつ》です。たくさん食《た》べてもハードなけいこですぐに消化《しょうか》してしまうため、太《ふと》ることは大変《たいへん》でした。

好《す》ききらいはあったけど、よく食《た》べると体《からだ》も大《おお》きくなった。

それでも、無理《むり》してでも寝《ね》る前《まえ》に食《た》べることをつづけました。牛乳《ぎゅうにゅう》も好《す》きだったので、飲《の》みまくりました。

両親《りょうしん》はぼくのことを思《おも》い、食事《しょくじ》も工夫《くふう》してくれて、骨《ほね》が強《つよ》くなるようにとちりめんじゃこをよくだしてくれました。

ところが、ぼくはもともと魚《さかな》が苦手《にがて》だったのです。ちりめんじゃこも、なまぐさくて大《だい》きらい。

でも、強《つよ》くなるためだと思《おも》ってがまんして食《た》べていました。

すべてはわんぱく横綱《よこづな》になるために。

その結果《けっか》、1年間《ねんかん》で60キロ近《ちか》くまで太《ふと》ることに成功《せいこう》しました。

2度目《どめ》のわんぱく相撲出場《ずもうしゅつじょう》、そして全国《ぜんこく》のライバルたち

高学年《こうがくねん》の当時《とうじ》のぼくは、ちょうど反抗期《はんこうき》でもありました。指図《さしず》されることがイヤで、親《おや》になにか指示《しじ》されると、口答《くちごた》えばかり。いわれたことと反《はん》対《たい》のことばかりやろうとするので、親《おや》には「あまのじゃく」と言《い》われていたぐらいです。

それでもすもうだけはまじめに打《う》ちこんでいました。

小学《しょうがく》5年生《ねんせい》に進級《しんきゅう》して、またわんぱく相撲《ずもう》の大会《たいかい》が近《ちか》づいてきました。両国国技館《りょうごくこくぎかん》をめざす大阪府《おおさかふ》のわんぱく相撲《ずもう》の予選《よせん》は、緊張《きんちょう》の連続《れんぞく》でした。このときの大《おお》阪《さか》の同学年《どうがくねん》には、レベルの高《たか》い選手《せんしゅ》が多《おお》くいたのです。

まず予選《よせん》で勝《か》たないと、去年《きょねん》のくやしさを晴《は》らすどころか、もっと悪《わる》い結果《けっか》にさがってしまいます。

「ぜったいに両国国技館《りょうごくこくぎかん》に行《い》って、わんぱく横綱《よこづな》になる」

その思《おも》いを胸《むね》に、とにかく集中《しゅうちゅう》して、しっかり大阪予選《おおさかよせん》を勝《か》ち抜《ぬ》きました。

そして、むかえた夏休《なつやす》み。大会《たいかい》の前日《ぜんじつ》に宿泊《しゅくはく》した部屋《へや》は、元横綱《もとよこづな》・千代《ちよ》の富士《ふじ》の九重《ここのえ》親《おや》

方《かた》が師匠《ししょう》の九重部屋《ここのえべや》でした。けいこ場《ば》から大部屋《おおべや》、風呂場《ふろば》とすごく豪華《ごうか》で、ちゃんこもおいしくて「九重部屋《ここのえべや》はすごいなぁ」と感動《かんどう》したのを覚《おぼ》えています。

いよいよ大会当日《たいかいとうじつ》、ふたたび国技館《こくぎかん》へ足《あし》を踏《ふ》みいれました。去年《きょねん》は、入《はい》っただけで緊張《きんちょう》した両国国技館《りょうごくこくぎかん》でしたが、もう気後《きおく》れすることはありませんでした。

1回戦《かいせん》の相手《あいて》は、高知県代表《こうちけんだいひょう》の影山雄一郎君《かげやまゆういちろうくん》でした。

影山君《かげやまくん》はいまの幕内《まくうち》・栃煌山関《とちおうざんぜき》です。影山君《かげやまくん》とは、その後《ご》もおたがいを刺激《しげき》しあい、プロになってからも同《おな》じ場所《ばしょ》で初土俵《はつどひょう》を踏《ふ》むなどいいライバルになっていきます。

ほかにも、小学生時代《しょうがくせいじだい》から対戦《たいせん》していてプロになった同級生《どうきゅうせい》はたくさんいます。

全国大会《ぜんこくたいかい》になると、こうした実力《じつりょく》のある選手《せんしゅ》と顔《かお》をあわせるので、おたがいに意識《いしき》して競《きそ》いあっていました。そういう小学生時代《しょうがくせいじだい》から知《し》っている同級生《どうきゅうせい》がいまでも現役《げんえき》で活躍《かつやく》しているのを見《み》るのは、自分《じぶん》にとってとてもいい刺激《しげき》になっています。

影山君《かげやまくん》と初《はじ》めて対戦《たいせん》したのは4年生《ねんせい》のときの立川大会《たちかわたいかい》でした。このときはぼくが立《た》ち合《あ》いから一気《いっき》に土俵下《どひょうした》までふっ飛《と》ばして勝《か》っています。だから、初戦《しょせん》の相手《あいて》で「影山《かげやま》」の名《な》前《まえ》を見《み》たときは、強《つよ》い選手《せんしゅ》という印象《いんしょう》もなく別《べつ》に警戒《けいかい》していませんでした。

ところが、ひさびさに対戦《たいせん》した影山君《かげやまくん》は、別人《べつじん》のように強《つよ》くなっていました。

立《た》ち合《あ》いで一気《いっき》に土俵際《どひょうぎわ》まで押《お》されてしまったのです。

あせりましたが、なんとかこらえてまわりこみました。

右腕《みぎうで》を相手《あいて》の左《ひだり》わきの下《した》にいれる右四《みぎよ》つの体勢《たいせい》に持《も》ちこんで、下手《したて》を引《ひ》くとそのまま投《な》げを打《う》って、下手投《したてな》げでどうにか勝《か》ちました。

かんたんに勝《か》てていた相手《あいて》がこれほど強《つよ》くなっていることにおどろきました。

でも、1年間《ねんかん》がんばってきたのは自分《じぶん》だけではないのです。

きびしいけいこにたえて、みんな昨年《さくねん》より強《つよ》くなって全国大会《ぜんこくたいかい》にのぞんでいるのでした。

決勝戦《けっしょうせん》はまさかの「取《と》り直《なお》し」

そのことに気《き》づいたぼくは、2回戦《かいせん》からは、なお一層《いっそう》、気持《きも》ちをこめて戦《たたか》いました。

こうして、なんとか流《なが》れに乗《の》って、いよいよ決勝戦《けっしょうせん》。

決勝《けっしょう》の相手《あいて》は愛知県《あいちけん》の高山和典君《たかやまかずのりくん》でした。高山君《たかやまくん》はプロにはなりませんでしたが、後《のち》に同《おな》じ埼玉栄高校《さいたまさかえこうこう》でチームメイトになった実力者《じつりょくしゃ》です。

勝《か》っても負《ま》けてもこれが最後《さいご》、運命《うんめい》の立《た》ち合《あ》い。

ぼくはすぐに土俵際《どひょうぎわ》まで押《お》しこまれてしまいました。

しかし、ぐっとこらえて、逆転《ぎゃくてん》の上手投《うわてな》げを打《う》ち、高山君《たかやまくん》をころがしました。

「勝《か》った！」

そう思《おも》いました。ところが判定《はんてい》は、引《ひ》き分《わ》けの「同体《どうたい》」。もう一度《いちど》、すもうを取《と》る「取《と》り直《なお》し」です。

ぜったいに自分《じぶん》が勝《か》ったと思《おも》っていたので、正直《しょうじき》「まさか」という感覚《かんかく》です。取《と》り直《なお》しは、時間《じかん》をおかずにすぐに取《と》らなければいけません。しかし判定《はんてい》に納得《なっとく》できず、ぼくは集中力《しゅうちゅうりょく》をキープすることがむずかしい状態《じょうたい》でした。

それでも、この1年間《ねんかん》、わんぱく相撲《ずもう》で優勝《ゆうしょう》することだけを目標《もくひょう》にがんばってきたことを思《おも》いだしました。審判《しんぱん》の判定《はんてい》にくさってしまえば自分《じぶん》の負《ま》けになります。なんとか気持《きも》ちをいれなおして、高山君《たかやまくん》とむかいあいました。

取《と》り直《なお》しのすもうも、同《おな》じように立《た》ち合《あ》いから一気《いっき》に土俵際《どひょうぎわ》まで寄《よ》られました。

あぶない！

ひやひやの展開《てんかい》でしたが、必死《ひっし》にこらえてまわりこむと、最後《さいご》、上手投《うわてな》げで高山君《たかやまくん》をたおすことができました。

夢《ゆめ》にまで見《み》た「わんぱく横綱《よこづな》」に自分《じぶん》がなったのです。

優勝《ゆうしょう》した瞬間《しゅんかん》も、大阪《おおさか》に帰《かえ》る新幹線《しんかんせん》のなかでも、ずっとうれしくてたまりませんでした。

すもうをやっている小学生《しょうがくせい》にとって、一番《いちばん》の目標《もくひょう》は、国技館《こくぎかん》でおこなわれる「わんぱく相撲《ずもう》」で優勝《ゆうしょう》することです。わんぱく相撲《ずもう》で勝《か》つことで日本一《にほんいち》と呼《よ》ばれるようになります。

「日本一《にほんいち》の小学生力士《しょうがくせいりきし》になったんや」

4年生《ねんせい》で負《ま》けたくやしさを胸《むね》にがんばった1年間《ねんかん》。

自分《じぶん》よりも体《からだ》の大《おお》きな選手《せんしゅ》たちをたおしてわんぱく横綱《よこづな》になったぼくは、そんなつらか

5年生《ねんせい》のころ。とにかくすもうに打《う》ちこんでいた。

ったけいこのことは忘《わす》れていました。

もしかすると、このときの優勝《ゆうしょう》がいままですもうをつづけてきたなかで一番《いちばん》、よろこぶことができた優勝《ゆうしょう》だったかもしれません。それほど、あのときの感激《かんげき》はいまも忘《わす》れることができません。

「がまん」するということ

このとき優勝《ゆうしょう》できたのは、どうしてだったのか。いまふりかえると、それは「がまん」することでつかんだ優勝《ゆうしょう》だったと思《おも》います。

1年生《ねんせい》で母《はは》に無理《むり》やり大会《たいかい》に出場《しゅつじょう》させられて、イヤイヤながらはじめたすもうでした。

両親《りょうしん》に何回《なんかい》、何十回《なんじゅっかい》、もしかしたら何百回《なんびゃっかい》「やめたい」と言《い》ったかわかりません。

小学生《しょうがくせい》のときは遊《あそ》ぶことが一番《いちばん》ですから、楽《たの》しいことをがまんするのは、とてもつらくて苦《くる》しいことでした。

みなさんのなかにも、親《おや》に言《い》われてイヤイヤ勉強《べんきょう》や習《なら》い事《ごと》、スポーツをしている人《ひと》がいると思《おも》います。好《す》きなことをがまんしてほかのことをするのは、つらいことでしょう。

それでも、大切《たいせつ》なことは「**つづけること**」だと思《おも》います。

そういうイヤなことをがまんしていっしょうけんめいにつづけることで、たえる気持《きも》ちが自然《しぜん》に身《み》につくようになると思《おも》います。

大人《おとな》になれば、自分《じぶん》の好《す》きなことばかりはできません。

そんなときも、逃《に》げださずに「がまん」することが大切《たいせつ》です。そうやってつづけていれば、苦《くる》しい時期《じき》があっても、いつかいいことがあるとぼくは思《おも》っています。そうして、あたらしい道《みち》がひらけることもあるでしょう。

もうひとつは「**負《ま》けや失敗《しっぱい》をおそれないこと**」です。

ぼくは負《ま》けても投《な》げやりにならず、そのくやしさを逆《ぎゃく》にバネにしてきました。失敗《しっぱい》してもがまんしてつづけること。

そうやってすもうをつづけていたぼくは、いつからかすもうに熱中《ねっちゅう》するようになっていました。

だから5年生《ねんせい》で日本一《にほんいち》になることができたのだと思《おも》います。

しかし、日本一《にほんいち》になったあと、またさらに大《おお》きな壁《かべ》がぼくの前《まえ》に立《た》ちはだかりました。

6年生《ねんせい》であたった大《おお》きな壁《かべ》

5年生《ねんせい》で日本一《にほんいち》になったものの、6年生《ねんせい》になるとさらに体《からだ》が大《おお》きくなる選手《せんしゅ》がまわりに増《ふ》えてきました。小学生《しょうがくせい》の1年間《ねんかん》というのは成長《せいちょう》のスピードがすごくはやいのです。大人《おとな》と同《おな》じような体格《たいかく》と力《ちから》を持《も》つ選手《せんしゅ》もでてきました。

ぼくは逆《ぎゃく》に成長《せいちょう》がおそいほうだったので、身長《しんちょう》も160センチ、体重《たいじゅう》も5年生《ねんせい》のときの60キロからなかなか太《ふと》ることができませんでした。

パワーで大人《おとな》と子供《こども》ぐらいの差《さ》がでてきて、勝《か》つことがどんどんむずかしくなりました。

6年生《ねんせい》のときの「わんぱく相撲《ずもう》」は、2回戦《かいせん》で長崎《ながさき》の選手《せんしゅ》に負《ま》けてしまいました。

この大会《たいかい》で6年生《ねんせい》の日本一《にほんいち》になったのは、鹿児島《かごしま》の福永剛君《ふくながたけしくん》。いまは同《おな》じ境川部屋《さかいがわべや》に所《しょ》属《ぞく》している幕下《まくした》の勝誠《しょうせい》です。まわしを引《ひ》き付《つ》けたら腰《こし》がういてしまうほどの力《ちから》があって、おどろくほど強《つよ》い選手《せんしゅ》でした。

5年生《ねんせい》で「わんぱく横綱《よこづな》」になっていたぼくは、この大会《たいかい》で横綱土俵入《よこづなどひょうい》りを披露《ひろう》する大《たい》役《やく》が待《ま》っていました。ところが、土俵入《どひょうい》りを披露《ひろう》する時間《じかん》は午後《ごご》なので、準々決勝《じゅんじゅんけっしょう》まで勝《か》ちのこっていないと、勝《か》ったまま土俵入《どひょうい》りをおこなうことができないのです。

2回戦《かいせん》で負《ま》けてしまったぼくは、負《ま》けても帰《かえ》ることができず、マス席《せき》でほかの選手《せんしゅ》のすもうを見《み》ながら何時間《なんじかん》も待《ま》つことになりました。

この時間《じかん》が長《なが》くてせつなかったです。あらためて負《ま》けたくやしさを味《あじ》わっていました。

わんぱく横綱《よこづな》土俵《どひょう》入《い》り。報道陣《ほうどうじん》もたくさんいた。

「豪太郎《ごうたろう》の目標《もくひょう》はいつも『1番《ばん》になりたい』でした」

母《はは》・澤井真弓《さわいまゆみ》さん

豪太郎《ごうたろう》は、いつも「1番《ばん》になりたい」という気持《きも》ちの強《つよ》い子供《こども》でした。すもうをはじめたのは私《わたし》がだまって応募《おうぼ》したことがきっかけでしたが、道場《どうじょう》に通《かよ》いはじめてからしばらくして出場《しゅつじょう》した全国大会《ぜんこくたいかい》で負《ま》けて、ものすごく泣《な》いたことがありました。すもうで負《ま》けてあれだけ泣《な》いたのは、最初《さいしょ》で最後《さいご》かもしれません。

あのなみだから豪太郎《ごうたろう》は変《か》わりました。「1番《ばん》になる」という気持《きも》ちが表《おもて》にでて、すもうのけいこにも打《う》ちこむように変《か》わりました。私《わたし》は、豪太郎《ごうたろう》が小学生《しょうがくせい》のころ、毎日《まいにち》けいこを見《み》に行《い》っていましたが、けいこへの取《と》り組《く》みかたは、どんどん変《か》わっていきました。

私《わたし》も息子《むすこ》がやる気《き》になったことにこたえたいと思《おも》い、豪太郎《ごうたろう》が見《み》たいという東京《とうきょう》で開催《かいさい》されたアマチュア相撲《ずもう》の全国大会《ぜんこくたいかい》につれていきました。レベルの高《たか》い試合《しあい》を生《なま》で見《み》ることで、これまで以上《いじょう》にやる気《き》がでるのではないかと思《おも》ったからです。

「1番《ばん》になりたいから、ぜったいにわんぱく横綱《よこづな》になる」

小学生《しょうがくせい》のころから豪太郎《ごうたろう》はそうちかっていましたし、高校《こうこう》に入《はい》るときも高校横綱《こうこうよこづな》になるときめて埼玉栄高校《さいたまさかえこうこう》に入学《にゅうがく》しました。

高校《こうこう》の進路《しんろ》に埼玉栄高校《さいたまさかえこうこう》を選《えら》んだのも、日本一強《にほんいちつよ》い高校《こうこう》だったからだと思《おも》います。一番強《いちばんつよ》い学校《がっこう》に行《い》けば1番《ばん》になれる、という本人《ほんにん》なりの考《かんが》えで、進学先《しんがくさき》をきめました。

プロ野球《やきゅう》で巨人《きょじん》ファンになったのも、小学生《しょうがくせい》のころ強《つよ》かったのが巨人《きょじん》だったからです。地元《じもと》の球団《きゅうだん》は阪神《はんしん》ですが、当時《とうじ》の阪神《はんしん》は弱《よわ》かったので、好《す》きになれなかったのだと思《おも》います。

そんな豪太郎《ごうたろう》ですが、子供《こども》のころはあまえん坊《ぼう》で、小学《しょうがく》5年生《ねんせい》までは私《わたし》といっしょに寝《ね》ていました。最初《さいしょ》は別々《べつべつ》に寝《ね》るんですが、しばらくすると私《わたし》のふとんのなかに入《はい》ってきていました。そんなあまえん坊《ぼう》の息子《むすこ》ですが、高校《こうこう》に入《はい》ってからは、大会《たいかい》を応援《おうえん》で観戦《かんせん》するごとにたくましくなっていったことを覚《おぼ》えています。電話《でんわ》をかけてきても口数《くちかず》の多《おお》い子《こ》ではないので、こちらが聞《き》いたことに答《こた》えるだけです。それはいまも変《か》わりません。

ずっと1番《ばん》にこだわってすもうをつづけてきたので、豪太郎《ごうたろう》は大関《おおぜき》で満足《まんぞく》しているとは思《おも》いません。小学生《しょうがくせい》のときと同《おな》じようにきっと横綱《よこづな》になろうと胸《むね》に秘《ひ》めていると思《おも》います。苦《くる》しくてもつらくても、ぐちをこぼすことはありません。どんなことがあっても、だまって自分《じぶん》が信《しん》じる道《みち》を歩《ある》いていく。それが母《はは》から見《み》た豪太郎《ごうたろう》です。

大相撲《おおずもう》まめ知識《ちしき》

どすこいトリビア❶ ルール

すもうのルールはとてもかんたん。相手《あいて》を土俵《どひょう》のなかでたおす（相手《あいて》の足《あし》のうら以外《いがい》の部分《ぶぶん》を土俵《どひょう》につける）か、相手《あいて》を土俵《どひょう》の外《そと》にだせば勝《か》ちだ。すもうをあまり知《し》らない人《ひと》でも、勝《か》ち負《ま》けはわかりやすいよね。

でも、**シンプルだからこそ奥《おく》が深《ふか》いのがすもうの世界《せかい》。**このコラムでは、すもうがもっと楽《たの》しくなるまめ知識《ちしき》を紹介《しょうかい》していくよ。

【立《た》ち合《あ》い】

すもう独特《どくとく》のルールが**「立《た》ち合《あ》い」**だ。ふつうは審判《しんぱん》のふえや「よーい、どん！」の合《あい》図《ず》があってから、試合《しあい》がはじまる。でもすもうの場合《ばあい》、試合《しあい》の開始《かいし》をきめるのは、戦《たたか》う2《ふた》人《り》のタイミング。ほかのスポーツや格闘技《かくとうぎ》とはまったくちがうんだ。

まず、そんきょ（ひざを曲《ま》げて背筋《せすじ》をのばした姿勢《しせい》）をしてから2人《ふたり》で立《た》ちあがる。つぎに目《め》をあわせながら、ゆっくりかがんでいって、片手《かたて》をつく。そして、もう片方《かたほう》の手《て》をつき、**おたがいに呼吸《こきゅう》をあわせて、気《き》があった瞬間《しゅんかん》に立《た》ちあがり相手《あいて》にぶつかっていく。**これが立《た》ち合《あ》いだ。相手《あいて》よりはやく立《た》ってしまったり、手《て》つきが不十分《ふじゅうぶん》だったりすると「待《ま》った」がかかってやりなおしとなる。

すもうは「立《た》ち合《あ》いで八割《わり》がきまる」とも

いわれている。見《み》のがせない、緊張《きんちょう》の瞬間《しゅんかん》なんだ。

【決《き》まり手《て》】

すもうの勝負《しょうぶ》がきまったときの技《わざ》のことを「決《き》まり手《て》」という。大相撲《おおずもう》を見《み》ていると、取組《とりくみ》（試合《しあい》）のあとに「ただいまの決《き》まり手《て》は〜、寄《よ》り切《き》り〜」といったようにアナウンスされているね。

現在《げんざい》では82手《て》の決《き》まり手《て》があるんだ。大《おお》きく分《わ》けると、つぎの6つに分類《ぶんるい》される。

◉基本技《きほんわざ》（7手《て》）——突《つ》く・押《お》す・寄《よ》る、これがすもうの基本《きほん》だ。平手《ひらて》をどんどん突《つ》きだしたり、手《て》でぐっと押《お》したり、体《からだ》をつけて寄《よ》っていって、相手《あいて》をたおすか土俵《どひょう》の外《そと》にだす。**寄《よ》り切《き》り**や**押《お》し出《だ》し**が基本技《きほんわざ》にあたり、大相撲《おおずもう》でも一番《いちばん》よくでる決《き》まり手《て》だ。

◉投《な》げ手《て》（13手《て》）——腕《うで》や腰《こし》を使《つか》って相手《あいて》を投《な》げてたおす技《わざ》。**上手投《うわてな》げ**や**下手投《したてな》げ**、**すくい投《な》げ**などがある。豪快《ごうかい》に投《な》げれば、お客《きゃく》さんもとても盛《も》りあがるよ。

◉掛《か》け手《て》（18手《て》）——足《あし》をかけるなどして、相手《あいて》をたおす技《わざ》。**内掛《うちが》け**、**外掛《そとが》け**が代表的《だいひょうてき》な技《わざ》だ。すもうを見《み》るときは、上半身《じょうはんしん》だけではなく足《あし》もとにも注目《ちゅうもく》だね。

◉反《そ》り手《て》（6手《て》）——自分《じぶん》の体《からだ》をうしろにそらすようにして相手《あいて》をたおす、レスリングのような技《わざ》。**居反《いぞ》り**、**伝《つた》え反《ぞ》り**など。**撞木《しゅもく》反《ぞ》り**という技《わざ》は、１９５５年《ねん》に決《き》まり手《て》に制定《せいてい》されてから一度《いちど》もでたことのないまぼろしの決《き》まり手《て》なんだ。

◉**捻《ひね》り手《て》（19手《て》）**——相手《あいて》の体《からだ》をひねるようにしてたおす技《わざ》。相手《あいて》の力《ちから》や動《うご》きを利用《りよう》して、うまくバランスをくずす。**突《つ》き落《お》とし**、**とったり**、**上手捻《うわてひね》り**など。

◉**特殊技《とくしゅわざ》（19手《て》）**——そのほかの方法《ほうほう》で勝《か》つ技《わざ》。**うっちゃり**は、土俵際《どひょうぎわ》まで追《お》いつめられた力士《りきし》が、うしろにたおれるようにして相手《あいて》を投《な》げる大逆転《だいぎゃくてん》の技《わざ》だ。

このほかに、「非技《ひぎ》」といって、相手《あいて》の技《わざ》に関係《かんけい》なく負《ま》けてしまう場合《ばあい》や（例《れい》・相手《あいて》を土俵際《どひょうぎわ》に追《お》いつめるときに、勢《いきお》いがつきすぎて、先《さき》に自分《じぶん》の足《あし》が土俵《どひょう》の外《そと》にでてしまう「**勇《いさ》み足《あし》**」など）、禁《きん》じ手《て》といって、こぶしでなぐったり髪《かみ》をわざとつかんだりして反則《はんそく》で負《ま》ける場合《ばあい》もある。

どんな技《わざ》をくりだしているのかわかるようになると、すもう観戦《かんせん》がどんどんおもしろくなるよ。

豪栄道《ごうえいどう》の決《き》まり手《て》（幕内《まくうち》）

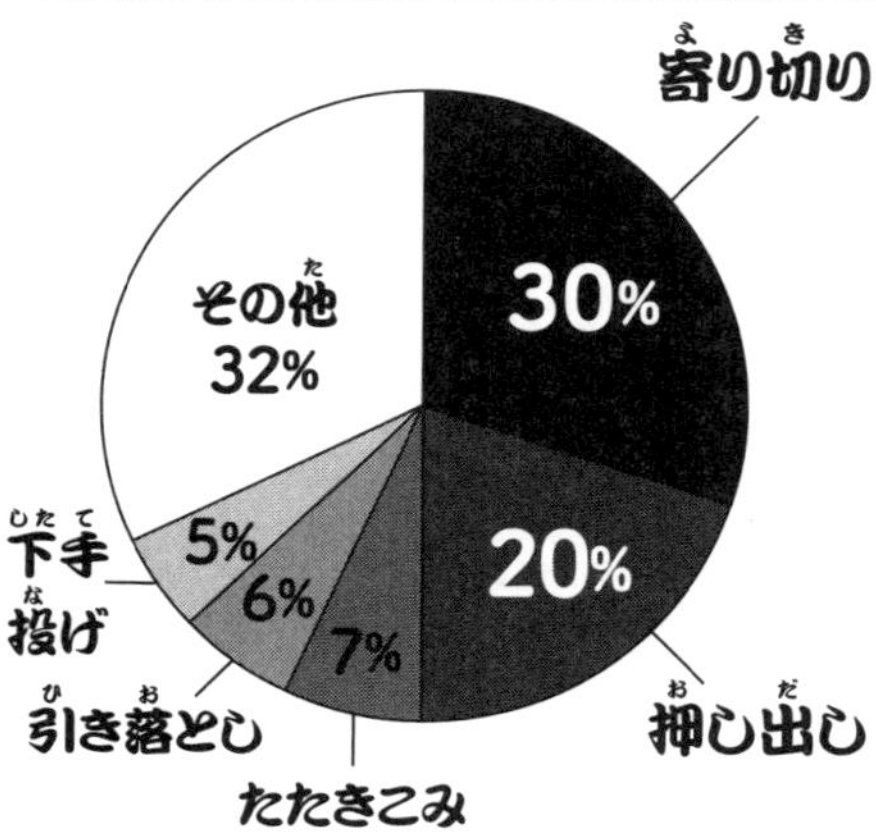

②つっぱり中《ちゅう》学《がく》生《せい》編《へん》

○○のために中学校《ちゅうがっこう》に通学《つうがく》

小学《しょうがく》6年生《ねんせい》のときに、父《ちち》から「すもうの強《つよ》い私立中学《しりつちゅうがく》へ行《い》ったらどうだ」とすすめられ、私立《しりつ》の中学校《ちゅうがっこう》を受験《じゅけん》することになりました。家庭教師《かていきょうし》にきてもらって勉強《べんきょう》しましたが、正直《しょうじき》、行《い》きたくない学校《がっこう》だったので熱心《ねっしん》に勉強《べんきょう》はせず……。

結果《けっか》はみごと不合格《ふごうかく》！

けっきょく、地元《じもと》の寝屋川市立第四中学校《ねやがわしりつだいちゅうがっこう》に入学《にゅうがく》しました。小学校《しょうがっこう》の友達《ともだち》もだいたい四中《ちゅう》に進《すす》んだので、「よろこんで！」という感《かん》じでした。

実《じつ》は、中学生《ちゅうがくせい》の3年間《ねんかん》はぼくの人生《じんせい》のなかでもかなりなまけていた時期《じき》でした。

まず勉強《べんきょう》がイヤでしょうがなかったです。授業中《じゅぎょうちゅう》つくえにむかってジッとすわっていることが、つらくてつらくて……。ついには、学校《がっこう》にカバンも持《も》たずに手《て》ぶらで通《かよ》うようになりました。両親《りょうしん》が共働《ともばたら》きだったので、仕事《しごと》に行《い》く父《ちち》と母《はは》を「いってらっしゃい」と見送《みおく》ると、自分《じぶん》の部屋《へや》でまた寝《ね》たりして（みんなはマネしないように！）。

学校《がっこう》は家《いえ》から歩《ある》いて10分《ぷん》くらい。家《いえ》でずっと寝《ね》ているわけではなかったですが、2時間《じかん》目《め》ぐらいになると起《お》きて登校《とうこう》していたのが、だんだんおそくなり、起床時間《きしょうじかん》も午前《ごぜん》11時《じ》すぎになって……。いつのまにか、4時間目《じかんめ》が終《お》わる前《まえ》ぐらいに学校《がっこう》へ行《い》くのがふつうになっていました。

なんでこの時間《じかん》には学校《がっこう》へ行《い》っていたと思《おも》いますか？

答《こた》えは、お腹《なか》がすくので「給食《きゅうしょく》」を食《た》べるためです。

勉強《べんきょう》はきらいでしたが、友達《ともだち》と遊《あそ》ぶことは小学校《しょうがっこう》のときから変《か》わらず大好《だいす》きでした。給《きゅう》食《しょく》が終《お》わってから、昼休《ひるやす》みに校庭《こうてい》で友達《ともだち》と野球《やきゅう》をするのがすごく楽《たの》しかったです。そして、昼休《ひるやす》み後《ご》の5、6時間目《じかんめ》の授業《じゅぎょう》は教室《きょうしつ》で寝《ね》ていました。

中学《ちゅうがく》1年生《ねんせい》のときの担任《たんにん》の先生《せんせい》は、四中《ちゅう》に赴任《ふにん》する前《まえ》に別《べつ》の中学校《ちゅうがっこう》ですもう部《ぶ》の顧問《こもん》をしていた方《かた》でした。なので、小学生《しょうがくせい》のときにすもうに打《う》ちこんでいたぼくを知《し》っています。でも、教科書《きょうかしょ》を教室《きょうしつ》においたままにして帰《かえ》るなど、中学校《ちゅうがっこう》でのぼくの生活態度《せいかつたいど》を見《み》て、

「すもうをやっていたときのひたむきな澤井君《さわいくん》は、ここにはいません」

と母《はは》に話《はな》したそうです。

たしかに、小学生《しょうがくせい》のときにいっしょうけんめいすもうに取《と》り組《く》んでいた自分《じぶん》とは別人《べつじん》のようになってしまっていたと思《おも》います。

学校《がっこう》へ行《い》きたくなかった理由《りゆう》としてこんなこともありました。「自転車通学禁止《じてんしゃつうがくきんし》」という校則《こうそく》をやぶって、ぼくは自転車通学《じてんしゃつうがく》していました。あるとき、それが先生《せんせい》に見《み》つかって、自転車《じてんしゃ》は没収《ぼっしゅう》。それでも、反省《はんせい》せずに自転車《じてんしゃ》で学校《がっこう》に行《い》きつづけて、3回《かい》も自転車《じてんしゃ》をとりあげられました。

いま思《おも》えばもちろん自分《じぶん》が悪《わる》いのですが、そのときは自転車《じてんしゃ》をとりあげた学校《がっこう》に反抗《はんこう》する気持《きも》ちになったことを覚《おぼ》えています。

「もうすもうなんてダサい」

中学生《ちゅうがくせい》になるといままでになかった「女《おんな》の子《こ》にモテたい」という気持《きも》ちもめばえ、茶髪《ちゃぱつ》にしてパーマをかけたりもしました（ぼくもそんな時期《じき》があったんです！）。

一番興味《いちばんきょうみ》があったのはファッションでした。ファッション雑誌《ざっし》を買《か》って読《よ》み、休《やす》みの日《ひ》には服《ふく》や雑貨《ざっか》のお店《みせ》が集《あつ》まる大阪《おおさか》・心斎橋《しんさいばし》のアメリカ村《むら》に行《い》って、流行《りゅうこう》の服《ふく》を買《か》ったり、友達《ともだち》とぶらぶら街《まち》を歩《ある》いたり。そんなことが一番楽《いちばんたの》しかったです。

すもうはつづけていましたが、「もうすもうなんてダサい」という気持《きも》ちになっていま

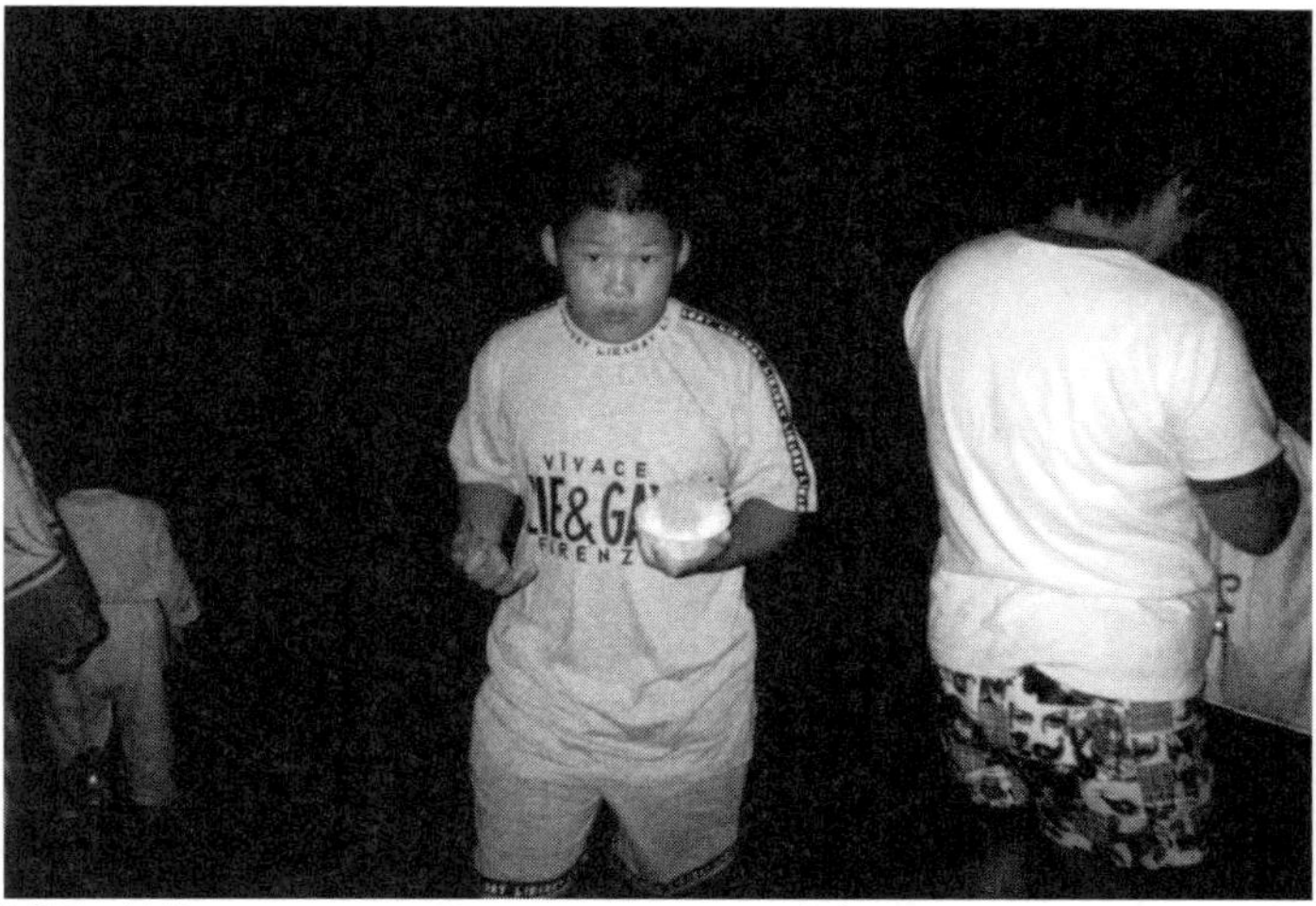

小学《しょうがく》6年生《ねんせい》のころから、少《すこ》しずつすもうから気持《きも》ちがはなれていった。

した。道場《どうじょう》の週《しゅう》4回《かい》のけいこもずる休《やす》みが増《ふ》え、母《はは》には道場《どうじょう》へ行《い》くふりだけして、近所《きんじょ》のスーパーマーケットで友達《ともだち》としゃべったり、そのまま友達《ともだち》の家《いえ》に遊《あそ》びに行《い》ったりしていました。

そのころ初《はじ》めて彼女《かのじょ》ができましたが、すぐにフラれてしまいましたね（笑《わらい》）。

とにかく将来《しょうらい》の夢《ゆめ》もなく、「毎日《まいにち》が楽《たの》しければそれでいい」という気持《きも》ちで日々《ひび》をすごしていました。いま思《おも》うとひどい生活態度《せいかつたいど》です。

学校《がっこう》に1時間目《じかんめ》から行《い》っていないことや、手《て》ぶらで通《かよ》っていることを母《はは》は知《し》っていたようです。中学生《ちゅうがくせい》のときのぼくをふりかえって、こう言《い》っていました。

「当時《とうじ》は学校《がっこう》には行《い》ってほしかった。でも、きびしく注意《ちゅうい》することでよけいに反発《はんぱつ》して行《い》く気持《きも》ちがなくなることを考《かんが》えて、あえて見守《みまも》っていたの」

道場《どうじょう》のけいこも無断《むだん》で休《やす》むと母《はは》に連絡《れんらく》が入《はい》るので、さぼっていることもばれていました。でも母《はは》は、そのことを父《ちち》には言《い》いませんでした。父《ちち》に伝《つた》わればきびしくしかられて、すもうへの情熱《じょうねつ》もなくなってしまうかもしれないと思《おも》ったそうです。たしかに、あまのじゃくで反抗期《はんこうき》の中学生《ちゅうがくせい》のぼくは、父《ちち》におこられたりしたら、ずっとつづけてきたすもうも完全《かんぜん》にやめてしまっていたでしょう。

もし中学生《ちゅうがくせい》ですもうをやめていたら、いまの力士《りきし》になったぼくはいません。母《はは》は、親《おや》としてはしっかり注意《ちゅうい》しないといけないという気持《きも》ちもあったはずです。でも、ぼくの性格《せいかく》を考《かんが》えて、あえてだまって見守《みまも》ってくれていたのだと思《おも》います。

サッカー部《ぶ》と柔道部《じゅうどうぶ》

中学相撲《ちゅうがくずもう》には、「全国中学校相撲選手権《ぜんこくちゅうがっこうすもうせんしゅけん》」と「全国都道府県中学生相撲選手権《ぜんこくとどうふけんちゅうがくせいすもうせんしゅけん》」という

2つの大《おお》きな全国大会《ぜんこくたいかい》があります。ぼくは、1、2年生《ねんせい》のときどちらも予選《よせん》で負《ま》けてしまい、全国大会《ぜんこくたいかい》にでることはできませんでした。

けいこをさぼってばかりいたので、勝《か》てるはずがありません。

小学《しょうがく》5年生《ねんせい》で「わんぱく横綱《よこづな》」になって日本一《にほんいち》になったのに、6年生《ねんせい》から体《からだ》の大《おお》きな相手《あいて》に勝《か》てなくなり、自信《じしん》がどんどんなくなっていきました。

なによりショックだったのは、まったく無名《むめい》の選手《せんしゅ》に負《ま》けること。全国的《ぜんこくてき》に有名《ゆうめい》な選手《せんしゅ》に負《ま》けるならまだ納得《なっとく》できるけど、まったく名前《なまえ》も知《し》らない選手《せんしゅ》に負《ま》けたときは……。自分《じぶん》はそこまで弱《よわ》くなってしまったのか、と落《お》ちこみました。

小学生《しょうがくせい》のときは、勝《か》てないくやしさをバネにしてけいこしていたのに、中学生《ちゅうがくせい》のぼくは、負《ま》けると「もういいや」とふてくされるだけでした。すもうが楽《たの》しいと思《おも》えなくなってしまったのです。

すもうからはなれて、ほかのスポーツをやろうと学校《がっこう》の部活動《ぶかつどう》に入《はい》ったこともあります。最初《さいしょ》はサッカー部《ぶ》に入《はい》りました。野球《やきゅう》と同《おな》じぐらい好《す》きな球技《きゅうぎ》だったので、試合《しあい》にでてみたかったのです。ところが、1年生《ねんせい》は練習《れんしゅう》でリフティングばかり。「こんなもんやってられへんわ」と、すぐにやめてしまいました。

サッカー部《ぶ》のつぎは柔道部《じゅうどうぶ》でした。こちらは、小学生《しょうがくせい》のときにすもうで活躍《かつやく》していたので、柔道部《じゅうどうぶ》の顧問《こもん》の先生《せんせい》が熱心《ねっしん》にさそってくれていたのです。ずっと断《ことわ》りつづけていたのに、あるとき「澤井《さわい》」と自分《じぶん》の名前《なまえ》の刺《し》しゅうが入《はい》った柔道着《じゅうどうぎ》をわたされてしまい……。これはさすがに断《ことわ》れず、しかたなく入部《にゅうぶ》しました。

すると、初《はじ》めてでた寝屋川市《ねやがわし》の柔道《じゅうどう》の大会《たいかい》でいきなり2位《い》になったのです。でも、なんの練習《れんしゅう》もしていないのに準優勝《じゅんゆうしょう》しても、まったくおもしろくありませんでした。かんたんに勝《か》ったことで、逆《ぎゃく》に柔道《じゅうどう》への興味《きょうみ》がなくなってしまったのです。せっかくさそってくれた先生《せんせい》にはもうしわけなかったのですが、柔道部《じゅうどうぶ》もすぐにやめてしまいました。

運命《うんめい》を変《か》えた恩師《おんし》との出会《であ》い

すもうとちがうことをやりたくてはじめたサッカーと柔道《じゅうどう》だったのに、おもしろさを感《かん》じられずにすぐやめてしまって、のこったのはけっきょく、すもう。大会《たいかい》にでてもまったく勝《か》てず、やる気《き》のなさも変《か》わらなかったけど、つづけることはつづけていました。

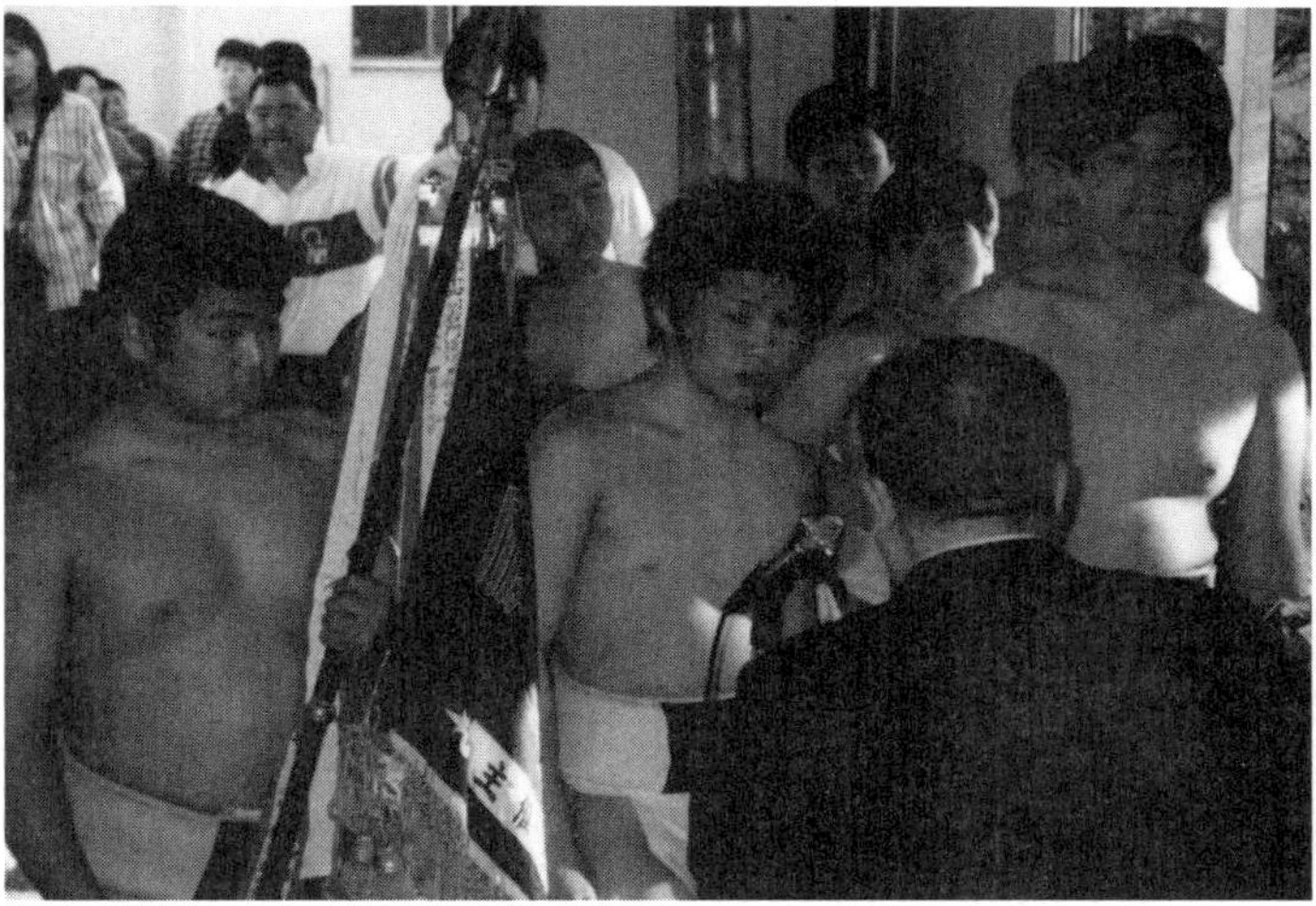

中央《ちゅうおう》。体《からだ》はなかなか大《おお》きくならなかった。右《みぎ》は東《と》口君《ぐちくん》、いまの勢関《いきおいぜき》。

このころ、ひとつ体《からだ》に変化《へんか》がありました。中学《ちゅうがく》に入学《にゅうがく》したときは１６０センチぐらいだった身長《しんちょう》が、２年生《ねんせい》で１７５センチを超《こ》えるまでに大《おお》きくなったのです。ただ、体重《たいじゅう》は75キロぐらいのままでした。もちろん学校内《がっこうない》では身長《しんちょう》も体重《たいじゅう》も大《おお》きいほうだけど、すもうでは中学生《ちゅうがくせい》でも体重《たいじゅう》１００キロを超《こ》える選手《せんしゅ》がたくさんいて、ぼくはやせっぽちの小《ちい》さいほうでした。

３年生《ねんせい》になると、卒業後《そつぎょうご》、どこの高校《こうこう》へ進《すす》むかという進路《しんろ》をきめなくてはいけません。

小学生《しょうがくせい》のときは、高校相撲《こうこうずもう》で日《に》本《ほん》一《いち》強《つよ》

い埼玉栄高校《さいたまさかえこうこう》へ入《はい》り、大学《だいがく》も日本一《にほんいち》強《つよ》い日本大学《にほんだいがく》へ進《すす》むことにあこがれていました。しかし、中学《ちゅうがく》でまったく成績《せいせき》をのこせず、その目標《もくひょう》は自分《じぶん》にはムリだと思《おも》っていました。

すもうをやりたい気持《きも》ちもあるけれど、こんな実力《じつりょく》ではつづけても意味《いみ》がない——そんな思《おも》いが頭《あたま》のなかをよぎる毎日《まいにち》。すもうで高校《こうこう》へ行《い》くことはあきらめて、一般《いっぱん》の高校《こうこう》へ行《い》くことも考《かんが》えました。

3年生《ねんせい》の春《はる》、クラブチーム対抗《たいこう》の大会《たいかい》にでたときのことです。ベスト16で、ぼくは1学《がく》年下《ねんした》の徳島県《とくしまけん》の太田剛希君《おおたごうきくん》と対戦《たいせん》しました。太田君《おおたくん》は、小学《しょうがく》4年生《ねんせい》から6年生《ねんせい》まで3年連《ねんれん》続《ぞく》でわんぱく横綱《よこづな》になった実力者《じつりょくしゃ》。でも、中学生《ちゅうがくせい》で学年《がくねん》がひとつ下《した》というのは、体力《たいりょく》に大《おお》きな差《さ》があるものです。いくら太田君《おおたくん》が小学校《しょうがっこう》のころに3年連続《ねんれんぞく》で日本一《にほんいち》になったといっても、学年《がくねん》はひとつ下《した》なので、負《ま》けるはずがないと思《おも》っていました。

ところが、結果《けっか》はぼくの負《ま》け。太田君《おおたくん》の得意《とくい》な突《つ》き押《お》しに一方的《いっぽうてき》に敗《やぶ》れてしまいました。

この敗戦《はいせん》は、とてもショックでした。試合《しあい》が終《お》わったあと、体育館《たいいくかん》の床《ゆか》にすわって「あ～もうダメだ……」と落《お》ちこみ、すもうで高校《こうこう》へ進《すす》むのはやっぱりムリだ、とあきらめる気持《きも》ちになっていました。

しかし、そんな絶望《ぜつぼう》のなかにいるぼくに、ある人《ひと》が声《こえ》をかけてくれました。顔《かお》をあげると、埼玉栄高校相撲部《さいたまさかえこうこうすもうぶ》の山田道紀監督《やまだみちのりかんとく》でした。

高校相撲《こうこうずもう》で何度《なんど》も日本一《にほんいち》にかがやいている埼玉栄高校《さいたまさかえこうこう》。その埼玉栄《さいたまさかえ》の山田監督《やまだかんとく》といえば、ぼくにとっては雲《くも》の上《うえ》の存在《そんざい》です。いろいろな大会《たいかい》で観戦《かんせん》している監督《かんとく》の姿《すがた》を見《み》たことはあったけど、とても近寄《ちかよ》ることができない人《ひと》でした。

やっぱりすもうしかねえ

そんなあこがれの監督《かんとく》は、落《お》ちこんでいるぼくにこう声《こえ》をかけてくれました。

「いっしょにすもうやらないか？」

その言葉《ことば》を聞《き》いたときは、信《しん》じられませんでした。中学生《ちゅうがくせい》になってからはなにひとつ実績《じっせき》をのこせていなかったのに。すもうで行《い》ける高校《こうこう》なんてないと思《おも》っていたのに。

そんなぼくを、日本一《にほんいち》の埼玉栄《さいたまさかえ》の山田監督《やまだかんとく》がさそってくれたのです。あまりに信《しん》じられないことだったので、「は、はぁ、でも……」と、あやふやな返事《へんじ》をすることしかできませんでした。ただ、埼玉栄《さいたまさかえ》に行《い》く、行《い》かないということは別《べつ》にして、とにかく声《こえ》をかけてもらったことが単純《たんじゅん》にうれしくてしょうがなかったです。

山田監督《やまだかんとく》は、それから会《あ》うたびに熱心《ねっしん》に声《こえ》をかけてくれました。

あこがれの高校《こうこう》へ行《い》きたい気持《きも》ちはどんどん高《たか》まります。でも、そのころのぼくは、すもうでやっていく自信《じしん》を完全《かんぜん》になくしていた時期《じき》でもありました。3年生《ねんせい》になって初《はじ》めて出場《しゅつじょう》した全国大会《ぜんこくたいかい》は、2回戦負《かいせんま》け。そんな実力《じつりょく》で埼玉栄《さいたまさかえ》に行《い》って通用《つうよう》するのか考《かんが》えると、不安《ふあん》しかありません。両親《りょうしん》は、

「ここまですもうをつづけてきたのだから、これからもつづけるのが一番《いちばん》じゃないのか。すもうをやめてほかにやりたいことがあるならしかたないけど、ないのならすもうで勝負《しょうぶ》しなさい」

と背中《せなか》を押《お》してくれました。

それでもぼくはなやみつづけて、自分《じぶん》の進路《しんろ》をきめられないでいました。

そんなある日《ひ》、とつぜん、山田監督《やまだかんとく》が埼玉《さいたま》から大阪《おおさか》の自宅《じたく》にやってきたのです。そしてあらためて、

「埼玉栄高校《さいたまさかえこうこう》で花《はな》を咲《さ》かそう」

とさそってくれました。

この熱《あつ》い言葉《ことば》はいまでも忘《わす》れません。日本一《にほんいち》の監督《かんとく》がわざわざ自分《じぶん》の家《いえ》にまできて、いっしょにすもうをしようとさそってくれているのです。

「この人《ひと》といっしょにすもうがしたい」

どこまで通用《つうよう》するかわからないけど、高校《こうこう》の3年間《ねんかん》はすもう一筋《ひとすじ》にかけよう。

このときの山田監督《やまだかんとく》の訪問《ほうもん》で、ぼくはそう腹《はら》をきめました。

半年間《はんとしかん》で体重《たいじゅう》30キロ増量《ぞうりょう》

「毎日《まいにち》が楽《たの》しければいいや」という考《かんが》えですごしていた日々《ひび》は、目標《もくひょう》もなくなまけてはいたけれど、それなりに楽《たの》しいものでした。

でも、いまここで変《か》わらなければ、自分《じぶん》はダメになってしまう。だからこそ、そんな自分《ぶん》を捨《す》てて、すもうにすべてをかける。それはいましかない。

そう考《かんが》えて、埼玉栄《さいたまさかえ》に行《い》くことをきめてからはすもう中心《ちゅうしん》の生活《せいかつ》に変《か》えました。

山田監督《やまだかんとく》からは「入学《にゅうがく》するまでに体《からだ》をつくっておいで」とアドバイスされました。

いま思《おも》えば、これは監督《かんとく》との最初《さいしょ》の約束《やくそく》でした。さそってくれた監督《かんとく》からの指導《しどう》を守《まも》らないわけにはいきません。当時《とうじ》は身長《しんちょう》180センチ、80キロぐらいの体《からだ》でしたが、高校《こうこう》に入学《にゅうがく》するまでに100キロを超《こ》えようと自分《じぶん》のなかできめました。

体《からだ》を大《おお》きくするには、とにかく食《た》べることです。

朝《あさ》、昼《ひる》、晩《ばん》の3食《しょく》にくわえて、寝《ね》るまでに2回《かい》、ご飯《はん》2合分《ごうぶん》のおにぎりを食《た》べたり、どんぶりで3杯《ばい》食《た》べたり、ヒマがあれば食《た》べて太《ふと》るようにしました。毎日《まいにち》、大食《おおぐ》い選手権《せんしゅけん》に出場《しゅつじょう》しているみたいな感《かん》じです。

そうして努力《どりょく》していると、ぼくの体《からだ》はみるみるでかくなっていきました。体《からだ》が大《おお》きくなると、けいこの内容《ないよう》も変《か》わりました。いままでなかなか押《お》しかえせなかった相手《あいて》が、あたっただけでふっ飛《と》んでいきます。相手《あいて》をふき飛《と》ばす圧力《あつりょく》が、体重《たいじゅう》とともについていったのです。いままで勝《か》てなかった相手《あいて》にも勝《か》てるようになっていきました。

それまでは、ほそい体《からだ》で相手《あいて》にくらいついていくスタイルが自分《じぶん》のすもうでした。でも体重《たいじゅう》が増《ふ》えると、立《た》ち合《あ》いで一気《いっき》に押《お》しこむすもうができるようになっていきました。10キロ体重《たいじゅう》が増《ふ》えただけで、びっくりするほど相手《あいて》に伝《つた》わるパワーがちがってきます。すもうという競技《きょうぎ》においては、体重《たいじゅう》が重《おも》いことはこんなにも大《おお》きな武器《ぶき》になるんだと実感《じっかん》しました。

中学校《ちゅうがっこう》を卒業《そつぎょう》するころには、体重《たいじゅう》は110キロ近《ちか》くに増《ふ》えました。半年間《はんとしかん》で30キロも太《ふと》ることに成功《せいこう》したのです（ダイエットしてる子《こ》にとっては信《しん》じられないかもしれないけど、このときはうれしかった～）。

埼玉栄《さいたまさかえ》でやっていくと決心《けっしん》したぼくは、心《こころ》も体《からだ》も大《おお》きく変身《へんしん》していました。

新《あら》たな目標《もくひょう》

12月《がつ》に埼玉栄高校相撲部《さいたまさかえこうこうすもうぶ》が大阪《おおさか》で合宿《がっしゅく》をおこなうことになり、入学予定《にゅうがくよてい》の新入生《しんにゅうせい》もけいこに参加《さんか》することになりました。

当時《とうじ》の埼玉栄《さいたまさかえ》は、全国《ぜんこく》トップレベルのすごいメンバーが上級生《じょうきゅうせい》にいました。自分《じぶん》も入学《にゅうがく》へむけて体《からだ》を大《おお》きくして、すもうの自信《じしん》も高《たか》まっていましたが、初《はじ》めて見《み》た先輩《せんぱい》たちのけいこはいままでに経験《けいけん》したことのないレベルで、すさまじい迫力《はくりょく》です。

「……なんなんやろう、この人《ひと》たちは」

これからこんな異次元《いじげん》の人《ひと》たちといっしょにけいこしなくてはいけないと思《おも》うと、自分《じぶん》はだいじょうぶだろうかとまたちょっと心配《しんぱい》になったくらいです。でも、「中途半端《ちゅうとはんぱ》な気《き》持《も》ちで入学《にゅうがく》できないぞ」と、気《き》を引《ひ》きしめる良《よ》い体験《たいけん》にもなりました。

中学《ちゅうがく》の卒業式《そつぎょうしき》。友達《ともだち》は大阪《おおさか》や関西《かんさい》の高校《こうこう》へ進《すす》む人《ひと》がほとんど。そんななか、大阪《おおさか》から遠《とお》くはなれた埼玉《さいたま》へ行《い》くぼくに、みんなは「がんばれ」とあたたかい声《こえ》をかけて送《おく》りだしてくれました。授業《じゅぎょう》をさぼり、すもうのけいこにも集中《しゅうちゅう》できなかった中学時代《ちゅうがくじだい》でしたが、いつもいっしょに遊《あそ》んでくれた友達《ともだち》は一生《いっしょう》の宝物《たからもの》です。

卒業式《そつぎょうしき》の翌日《よくじつ》、生《う》まれ育《そだ》った大阪《おおさか》をはなれるときがやってきました。両親《りょうしん》と別《わか》れて暮《く》らすけど、「これからすもう一本《いっぽん》でがんばる」という決意《けつい》を固《かた》めていたので、それほどさみしさはありませんでした。ふるさとからでることで、もううしろにはさがれないという覚悟《かくご》もありました。両親《りょうしん》のほうでも、子供《こども》がはなれていくさみしさよりも、息子《むすこ》が自分《じぶん》で好《す》きな道《みち》を選《えら》んでくれたことへのうれしさがあったそうです。家《いえ》をでるときもしめっぽい感《かん》じはなく「がんばってきなさい」とだけ言《い》われて送《おく》りだされました。

中学《ちゅうがく》のときにすもうでなんの結果《けっか》ものこせなかったぼくが、すもうの日本一《にほんいち》の埼玉栄高《さいたまさかえこう》校《こう》へ進《すす》むことに、周囲《しゅうい》から「やっていけんのか」と思《おも》われていたことは事実《じじつ》です。でも、そんな批判的《ひはんてき》な言葉《ことば》も自分《じぶん》を奮《ふる》い立《た》たせてくれるパワーになりました。

「大阪《おおさか》の人《ひと》にバカにされんように、高校《こうこう》でかならず結果《けっか》をだしてみせる」

高校《こうこう》の3年間《ねんかん》で、かならず個人戦《こじんせん》で全国《ぜんこく》3位以内《いいない》に入《はい》ってみせる。そう決意《けつい》して、新大《しんおお》阪駅《さかえき》から東京駅《とうきょうえき》へむかう新幹線《しんかんせん》に乗《の》りこみました。

夢《ゆめ》と希望《きぼう》を胸《むね》に、栄《さかえ》へ

栄高校《さかえこうこう》は埼玉県《さいたまけん》のさいたま市《し》にあります。新幹線《しんかんせん》で東京《とうきょう》まで行《い》き、そこで乗《の》り換《か》えて大《おお》宮駅《みやえき》まで移動《いどう》します。

この電車《でんしゃ》の旅《たび》は、ぼくひとりではありませんでした。同《おな》じように山田監督《やまだかんとく》からスカウトされた兵庫県《ひょうごけん》の宮本泰成君《みやもとやすなりくん》、いまは同《おな》じ境川部屋《さかいがわべや》の妙義龍関《みょうぎりゅうぜき》が、いっしょの新幹線《しんかんせん》に乗《の》っていました。親同士《おやどうし》が連絡《れんらく》をとりあって、2人《ふたり》で行《い》くことになっていたのです。

宮本君《みやもとくん》とは、中学《ちゅうがく》3年生《ねんせい》のときに1度《ど》対戦《たいせん》しただけでしたが、栄高校《さかえこうこう》の大阪合宿《おおさかがっしゅく》で会《あ》っていたのでもう顔《かお》なじみでした。新幹線《しんかんせん》のなかでは、高校《こうこう》ではこんなタイトルをとるとか、先輩《せんぱい》は怖《こわ》そうだなとか、これからの夢《ゆめ》や高校生活《こうこうせいかつ》のことをたくさん話《はな》したことを覚《おぼ》えています。おたがいに15歳《さい》でふるさとや実家《じっか》をはなれる不安《ふあん》よりも、これからの夢《ゆめ》と希望《きぼう》でわくわくした気持《きも》ちでした。


中学時代《ちゅうがくじだい》をふりかえると、もしあのとき、山田監督《やまだかんとく》に声《こえ》をかけてもらっていなかったらどうなっていただろう、と思《おも》います。それまでは、勉強《べんきょう》もせず部活動《ぶかつどう》も中途半端《ちゅうとはんぱ》、すもうのけいこも集中《しゅうちゅう》できないなど、なまけていた時期《じき》がずっとつづいていました。心《こころ》のなかではそんな生活《せいかつ》がいいとは思《おも》っていなかったのですが、なにか流《なが》されてしまったような感《かん》じでした。

山田監督《やまだかんとく》にさそってもらって、埼玉栄高校《さいたまさかえこうこう》の相撲部《すもうぶ》で勝負《しょうぶ》することをきめてからは、そうした自分《じぶん》を捨《す》てることができました。ダメな生活《せいかつ》を経験《けいけん》してわかっていたからこそ、そこにもどったらいけないということが自分《じぶん》のなかで身《み》に染《し》みていたのだと思《おも》います。

そう考《かんが》えると、山田監督《やまだかんとく》の一言《ひとこと》は、自分《じぶん》にとって運命《うんめい》を変《か》える言葉《ことば》でした。

いろいろな遠《とお》まわりをした中学時代《ちゅうがくじだい》でしたが、ひとつのきっかけで人《ひと》は変《か》われることをぼくは学《まな》びました。

「弱音《よわね》をはかず、黙々《もくもく》とすもう道《どう》に精進《しょうじん》する姿《すがた》は後輩《こうはい》たちの鑑《かがみ》です」

埼玉栄高校相撲部顧問《さいたまさかえこうこうすもうぶこもん》・山田道紀監督《やまだみちのりかんとく》

豪栄道《ごうえいどう》（澤井君《さわいくん》）のことは、彼《かれ》が小学校《しょうがっこう》のころから気《き》になる選手《せんしゅ》でした。

小学《しょうがく》5年生《ねんせい》でわんぱく横綱《よこづな》になったときから、体《からだ》のバランス、足《あし》の筋肉《きんにく》の流《なが》れやかたちが、すごくいいものを持《も》っていると思《おも》っていました。また、負《ま》けん気《き》の強《つよ》そうな顔《かお》つきも良《よ》かったことをおぼえています。

私《わたし》は、彼《かれ》が小学生《しょうがくせい》のころから、埼玉栄高校《さいたまさかえこうこう》に勧誘《かんゆう》したいと思《おも》っていました。しかし、中学生《ちゅうがくせい》になってからの豪栄道《ごうえいどう》は、大阪《おおさか》の大会《たいかい》ですら勝《か》てなくなってしまいました。中学《ちゅうがく》2年生《ねんせい》のある大会《たいかい》で、豪栄道《ごうえいどう》を見《み》たときに、「これが、あの澤井《さわい》か」と思《おも》うくらい、やる気《き》も薄《うす》れ、勝負《しょうぶ》に対《たい》しても自信《じしん》をなくしていました。

私《わたし》は、どんな子《こ》どもにもスカウトをするときは同《おな》じで、「埼玉栄《さいたまさかえ》にきてほしい」ではなく、「山《やま》田《だ》という男《おとこ》といっしょにすもうをやろう」と話《はなし》をします。監督《かんとく》と生徒《せいと》というより、人《ひと》と人《ひと》とのつながりを大切《たいせつ》にしたいからです。豪栄道《ごうえいどう》も、そこに縁《えん》を感《かん》じて、私《わたし》のところへきてくれたのだと思《おも》います。

高校《こうこう》に入学《にゅうがく》した当初《とうしょ》は、まだ生意気《なまいき》なところが抜《ぬ》けていませんでした。そこはきびしく指導《しどう》しました。怒《おこ》られても素直《すなお》に聞《き》いてくれましたし、なにより、言《い》われたことは黙々《もくもく》とやるまっすぐな性格《せいかく》がすばらしかったです。

東日本大震災《ひがしにほんだいしんさい》が起《お》きた２０１１年《ねん》３月《がつ》、震災《しんさい》の影響《えいきょう》で米《こめ》が買《か》えなくなってしまい、しばらく相《す》撲部《もうぶ》に米《こめ》がないという状況《じょうきょう》がありました。部内《ぶない》で１ケ月《かげつ》に米《こめ》は４５０キロ必要《ひつよう》ですが、量《りょう》が足《た》りずこまっていると、突然《とつぜん》、豪栄道《ごうえいどう》から５００キロの米《こめ》が送《おく》られてきたのです。

「ありがとう」と電話《でんわ》をすると、「食《た》べてください」と一言《ひとこと》だけ言《い》ってくれました。その短《みじか》い言《こと》葉《ば》に埼玉栄《さいたまさかえ》に対《たい》する母校愛《ぼこうあい》があふれていて、豪栄道《ごうえいどう》という男《おとこ》の人柄《ひとがら》を感《かん》じました。

２０１６年《ねん》９月場所《がつばしょ》で全勝優勝《ぜんしょうゆうしょう》したときには、私《わたし》も優勝《ゆうしょう》パレードのオープンカーに乗《の》せてもらいました。私《わたし》としては、はずかしかったですが、豪栄道《ごうえいどう》の気持《きも》ちがありがたかったです。30歳《さい》をすぎて、人《ひと》には言《い》えないほど体《からだ》もケガでボロボロだと思《おも》います。それでも弱音《よわね》をはかず、黙々《もくもく》とすもう道《どう》に精進《しょうじん》する姿《すがた》は後輩《こうはい》たちの鑑《かがみ》です。横綱《よこづな》になってほしいですし、何《なに》よりも本人《ほんにん》が夢《ゆめ》みていると思《おも》います。これからも豪栄道《ごうえいどう》の夢《ゆめ》にむかって挑戦《ちょうせん》する姿《すがた》を高校生《こうこうせい》たちに見《み》せてほしいです。

私《わたし》の夢《ゆめ》は教《おし》え子《ご》が親方《おやかた》になり、そこに弟子《でし》をあずけることです。私《わたし》の教《おし》え子《ご》がまた関取《せきとり》をつくり、永遠《えいえん》にすもうが発展《はってん》することを祈《いの》っています。

大相撲《おおずもう》まめ知識《ちしき》

どすこいトリビア❷ 伝統文化《でんとうぶんか》

すもうは日本《にほん》の「国技《こくぎ》」といわれている。その歴史《れきし》はとても長《なが》くて、1500年《ねん》以上《いじょう》も前《まえ》からつづいてきた。現代《げんだい》の大相撲《おおずもう》のように、力士《りきし》たちが戦《たたか》って、それをみんなが見《み》るかたちになったのは江戸時代《えどじだい》から。すもうはいまも**日本《にほん》の伝統《でんとう》や古《ふる》い文化《ぶんか》を引《ひ》き継《つ》いで、後世《こうせい》に伝《つた》えていっている**んだ。

【まげ】

おすもうさんの特徴《とくちょう》といえば、大《おお》きな体《からだ》と、なんといってもその髪形《かみがた》だ。「まげ」と呼《よ》ばれる、胸《むね》くらいまである長《なが》い髪《かみ》をうしろで結《ゆ》って（結《むす》んで）、頭《あたま》の上《うえ》にちょんとのせている（だから**「ちょんまげ」**っていうんだね）。

「関取《せきとり》」といって、十両以上《じゅうりょういじょう》の番付《ばんづけ》（順位《じゅんい》）に上《あ》がると、**「大銀杏《おおいちょう》」**という特別《とくべつ》なまげを結《ゆ》えるようになる。これは耳《みみ》から後頭部《こうとうぶ》のあたりの髪《かみ》の毛《け》がふわっとふくらんでいて、頭《あたま》の上《うえ》のまげの毛先《けさき》がいちょうの葉《は》っぱのように半円《はんえん》に広《ひろ》がっている髪形《かみがた》のこと。

この独特《どくとく》のヘアスタイルは、「床山《とこやま》」という力士専門《りきしせんもん》の髪《かみ》のスタイリストさんがやってくれる。**大銀杏《おおいちょう》を結《ゆ》うには、ひとり30分《ぷん》もかかるんだ。**使《つか》うのは、和紙《わし》を固《かた》めた髪《かみ》を結《むす》ぶこよりと、**「びんづけ油《あぶら》」**というヘアワックス。ちなみにこのびんづけ油《あぶら》はとてもいいにおいがする。だから熱心《ねっしん》なファンは**においだけで近《ちか》くに力士《りきし》がいることがわかる**らしいよ。

ただでさえ大《おお》きな体《からだ》なのに、まげを結《ゆ》っているから、おすもうさんは見《み》たらすぐにわかる。ばれちゃって大変《たいへん》だと思《おも》うかもしれないけど、悪《わる》いことばかりでもないらしい。お店《みせ》でごはんを食《た》べるときは、**サービスで大盛《おおも》りにしてくれる**ことがしょっちゅうある。それに、**女《おんな》の人《ひと》にもモテモテ**なんだって。

【まわし】

すもうを取《と》るとき、ゆいいつ身《み》につけるのが**「まわし」**だ。ふんどしみたいに、腰《こし》とまたに巻《ま》かれた布《ぬの》のことで、6〜10メートルの1枚《まい》の布《ぬの》を折《お》って使《つか》っている。道具《どうぐ》や武器《ぶき》を持《も》たずに、相手《あいて》と体《からだ》ひとつで勝負《しょうぶ》するすもうのいさぎよさがよくあらわれているね。

大相撲《おおずもう》で使《つか》われるまわしは3種類《しゅるい》ある。

◉**けいこまわし**——ふだんの練習《れんしゅう》、けいこのときにつけるまわし。木綿《もめん》の布《ぬの》で、十両以上《じゅうりょうい》の関取《せきとり》は白《しろ》、それより下《した》の幕下《まくした》の力士《りきし》は黒《くろ》。まわしは、昔《むかし》は**師匠《ししょう》が死《し》んだとき以外《いがい》は洗《あら》ってはいけない**とされていた。だからいまでも、基本的《きほんてき》には日光消毒《にっこうしょうどく》するだけ。でも、よごれがひどいときにはブラシでゴシゴシ洗《あら》うこともあるらしい。

◉**締《し》め込《こ》み**——十両以上《じゅうりょういじょう》の関取《せきとり》になると、本場所《ほんばしょ》で締《し》めることができるようになるまわし。絹《きぬ》(シルク)でつくられている。本来《ほんらい》は紺《こん》か紫系《むらさきけい》の色《いろ》ときめられているけど、現《げん》在《ざい》は**ピンクや金銀《きんぎん》など派手《はで》な締《し》め込《こ》み**もよく見《み》られる。

◉**化粧《けしょう》まわし**——関取《せきとり》が土俵入《どひょうい》り（取組《とりくみ》の前《まえ》に土俵《どひょう》でおこなう儀式《ぎしき》）のときにつけるまわし。豪栄道《ごうえいどう》がこの本《ほん》の表紙《ひょうし》でつけているもの。エプロンのように前《まえ》にさがった部分《ぶぶん》と、腰《こし》とまたの部分《ぶぶん》はつながっていて、これも1枚《まい》の布《ぬの》でできている。**値段《ねだん》は最低《さいてい》でも100万円《まんえん》はする**といわれ、スポンサーの企業《きぎょう》やタニマチと呼《よ》ばれるファンからプレゼントされることが多《おお》い。

ちなみに、取組《とりくみ》の途中《とちゅう》でまわしがほどけてしまったら……？ **ポロリをした時点《じてん》で「不《ふ》浄負《じょうま》け」といって、まわしがほどけた力士《りきし》の反則負《はんそくま》けになる**んだ。もっとも、ほどけそうになったら**「まわし待《ま》った」**といって一度《いちど》取《と》組《くみ》を中断《ちゅうだん》して、行司《ぎょうじ》（審判《しんぱん》）がまわしを締《し》めなおすことになっているから、めったにこの反則負《はんそくま》けはないんだけどね。

【塩《しお》まき】

力士《りきし》が土俵《どひょう》にあがるときのしぐさは細《こま》かくきめられている。それぞれの所作《しょさ》（動《うご》き）には意味《いみ》があるんだ。なかでも**「塩《しお》まき」**は見《み》たことのある人《ひと》が多《おお》い所作《しょさ》だろう。これは、塩《しお》で土俵《どひょう》の邪気《じゃき》(悪《わる》い気《き》)をはらうという意味《いみ》がある。大相撲《おおずもう》の本場所《ほんばしょ》では、関取《せきとり》だけが塩《しお》をまくことをゆるされている。**一日《いちにち》で40～50キロ、一場所《ひとばしょ》で700キロ近《ちか》くの塩《しお》がまかれる**んだって！

③ふんばり高《こう》校《こう》生《せい》編《へん》

初《はじ》めてづくしの寮生活《りょうせいかつ》

２００２年《ねん》３月《がつ》、中学校《ちゅうがっこう》の卒業式《そつぎょうしき》のつぎの日《ひ》から、いままでとはまったくちがう生活《せいかつ》がはじまりました。ふるさとの大阪《おおさか》から遠《とお》くはなれた埼玉県《さいたまけん》で、栄高校《さかえこうこう》の相撲部員《すもうぶいん》としての日々《ひび》がスタートしたのです。

ふつうは中学《ちゅうがく》を卒業《そつぎょう》したら、高校《こうこう》に入学《にゅうがく》するまでのあいだは少《すこ》しゆっくりしたり、思《おも》い出《で》にひたったりする時期《じき》だと思《おも》います。でもそんなひまはいっさいありませんでした。相撲部《すもうぶ》に入《はい》ることになっている新《しん》1年生《ねんせい》は、マネージャーが２人《ふたり》、ぼくをふくめて選手《せんしゅ》が４人《にん》の合計《ごうけい》６人《にん》です。そして、全員《ぜんいん》が相撲部《すもうぶ》の寮《りょう》に住《す》むことになりました。

寮《りょう》は山田道紀監督《やまだみちのりかんとく》の自宅《じたく》とつながっています。部屋《へや》は、ひとり一部屋《ひとへや》なんてぜいたくなことはなく、５、６人《にん》の大部屋《おおべや》でした。それぞれの部員《ぶいん》が自分《じぶん》の荷物《にもつ》もおくので、部屋《へや》はぎゅうぎゅうづめです。そこにみんなでふとんをしいて寝《ね》るのです。掃除《そうじ》や洗濯《せんたく》も、生活《せいかつ》のことはすべて自分《じぶん》たちでやります。

いままでは両親《りょうしん》と暮《く》らしていて、掃除《そうじ》も洗濯《せんたく》もすべてやってもらっていたので、初《はじ》めての経験《けいけん》ばかりです。でも、とまどいはありませんでした。埼玉栄高校《さいたまさかえこうこう》に行《い》くことをきめたときに「**ぜったいに強《つよ》くなる**」と腹《はら》を固《かた》めてでてきていたので、親元《おやもと》をはなれて暮《く》らすこともさびしくなかったし、大部屋《おおべや》での生活《せいかつ》は、むしろ男兄弟《おとこきょうだい》がいっぱいできたみたいで楽《たの》しかったことを覚《おぼ》えています。毎日《まいにち》が修学旅行《しゅうがくりょこう》みたいな気分《きぶん》でした。

山田先生《やまだせんせい》の予言《よげん》

相撲部《すもうぶ》での練習《れんしゅう》は、寮《りょう》に入《はい》ってすぐにはじまりました。

高校相撲《こうこうずもう》で日本《にほん》トップレベルの埼玉栄相撲部《さいたまさかえすもうぶ》です。練習《れんしゅう》も、ものすごくきびしいはずです。「毎日《まいにち》、40番《ばん》、50番《ばん》は平気《へいき》でやるんだろう」と思《おも》っていました。

ところが――。

寮《りょう》に入《はい》って一週間《いっしゅうかん》くらいたったころ、山田先生《やまだせんせい》にすもうを取《と》るように言《い》われました。栄《さかえ》高校《こうこう》の相撲部《すもうぶ》で初《はじ》めて取《と》るすもうです。ぼくははりきって先輩《せんぱい》の胸《むね》にぶつかっていきました。圧倒《あっとう》はできませんでしたが、勝《か》ったり負《ま》けたりで三番取《ばんと》り終《お》わったときです。

「よし、もういいよ、今日《きょう》は」と先生《せんせい》から言《い》われたのです。

日本《にほん》でトップレベルの相撲部《すもうぶ》での最初《さいしょ》のすもうは、たった三番《ばん》で終《お》わってしまいました。

小学校《しょうがっこう》から中学校《ちゅうがっこう》までは、長《なが》いときは5時間以上《じかんいじょう》、申《もう》し合《あ》いも50勝《しょう》しないとけいこが終《お》わらないようなきびしい道場《どうじょう》で練習《れんしゅう》していた自分《じぶん》です。

「えっ、こんな練習《れんしゅう》のやりかたもあんねんな」

と、おどろいたのをよく覚《おぼ》えています。

もうひとつ、忘《わす》れられないできごとがあります。まだ入学式《にゅうがくしき》も終《お》わっていないころ、けいこで申《もう》し合《あ》いが終《お》わったときだったと思《おも》います。山田先生《やまだせんせい》から声《こえ》をかけられたのです。

「豪太郎《ごうたろう》、おまえ、その右差《みぎさ》して頭付《あたまつ》ける、それで寄《よ》っていくだけでいい。それだけやっていったら、3年生《ねんせい》のとき、高校横綱《こうこうよこづな》になれるよ」

いきなりそんなことを言《い》われて、びっくりしました。

山田先生《やまだせんせい》は、これまで強《つよ》い選手《せんしゅ》を何人《なんにん》も育《そだ》ててきた監督《かんとく》です。その先生《せんせい》から「高校横綱《こうこうよこづな》になれる」と言《い》われたのでうれしかったですが、あまりにとつぜんの言葉《ことば》だったのでとてもおどろきました。

「右《みぎ》を差《さ》す」とは、自分《じぶん》の右腕《みぎうで》を相手《あいて》の左《ひだり》わきの下《した》にいれることです。そうしておいて、相手《あいて》の胸《むね》に自分《じぶん》の頭《あたま》を付《つ》けて前《まえ》にでるのが、もともとぼくの得意《とくい》なすもうのスタイルでした。それを監督《かんとく》にも認《みと》められたことは、大《おお》きな自信《じしん》になりました。さらに右《みぎ》を差《さ》して頭《あたま》を付《つ》けるすもうを徹底《てってい》しようと心《こころ》にきめたのを覚《おぼ》えています。

栄高校相撲部《さかえこうこうすもうぶ》の一日《いちにち》

入学式《にゅうがくしき》が終《お》わり、高校生活《こうこうせいかつ》がいよいよはじまりました。

相撲部《すもうぶ》の1年生《ねんせい》は、朝《あさ》の6時《じ》に起《お》きて、自分《じぶん》の当番《とうばん》の掃除《そうじ》かちゃんこ番《ばん》の仕事《しごと》をします。「ちゃんこ」というのは食事《しょくじ》のことで、監督《かんとく》を手伝《てつだ》って食事《しょくじ》も自分《じぶん》たちでつくっていました。そのあと寮《りょう》の掃除《そうじ》や雑用《ざつよう》をして、8時前《じまえ》に学校《がっこう》に行《い》きます。学校《がっこう》で土俵《どひょう》の掃除《そうじ》などをして、9時《じ》からは授業《じゅぎょう》。そして授業《じゅぎょう》が終《お》わると、すもうの練習《れんしゅう》です。練習時間《れんしゅうじかん》は夕方《ゆうがた》の4時《じ》から2時間《じかん》、長《なが》くても2時間半《じかんはん》でした。

まずはしこや腕立《うでた》て、腰割《こしわり》、すり足《あし》などからはじまります。しこは、毎日《まいにち》200回《かい》ほど踏《ふ》みました。これは、ただ片足《かたあし》をあげて踏《ふ》むだけといういい加減《かげん》なものじゃなくて、しっかり腰《こし》を下《お》ろしてじっくり踏《ふ》むように指導《しどう》されました。

こうした基礎練習《きそれんしゅう》は同《おな》じことのくりかえしで退屈《たいくつ》なものなので、さぼりがちになります。

そこを引《ひ》きしめてきっちりやることで、体《からだ》はもちろん、心《こころ》もきたえられます。

申《もう》し合《あ》いは多《おお》くて15番《ばん》ほどです。番数《ばんかず》は、山田先生《やまだせんせい》がそれぞれの体調《たいちょう》やすもうの内容《ないよう》を見《み》てきめていました。「今日《きょう》は、ここまで」と指示《しじ》があると終《お》わりなので、短《みじか》いときは七、八番《ばん》で終《お》わることもありました。

最初《さいしょ》は、思《おも》ったほどハードじゃないな、と思《おも》っていました。でも、一番《ばん》一番《ばん》がとても充《じゅう》実《じつ》していることにすぐに気《き》がつきました。なにしろ申《もう》し合《あ》いの相手《あいて》は、高校相撲《こうこうずもう》で日本一《にほんいち》になろうかという先輩《せんぱい》たちです。みんな高校生《こうこうせい》には見《み》えないほどごつくて貫禄《かんろく》があって、ある意味《いみ》、試合《しあい》のとき以上《いじょう》の緊張感《きんちょうかん》がありました。

そうして練習《れんしゅう》がだいたい6時《じ》すぎに終《お》わります。筋力《きんりょく》トレーニングがある日《ひ》はそのあと1時間《じかん》くらいやって、寮《りょう》に帰《かえ》って、それから晩《ばん》ごはんです。食事《しょくじ》の片《かた》づけまでやると、だいたい9時《じ》くらい。そのあとまた洗濯《せんたく》したり、自主《じしゅ》トレーニングをしたりしていると、あっというまに11時《じ》の消灯《しょうとう》の時間《じかん》でした。

入学前《にゅうがくまえ》は一日《にち》に5時間《じかん》も6時間《じかん》もすもうの練習《れんしゅう》をしていたので、最初《さいしょ》はけいこの時間《じかん》が思《おも》ったよりも短《みじか》くておどろきました。でも、ほかにもやることがたくさんあるので、1年《ねん》生《せい》のあいだはゴロゴロしてリラックスする時間《じかん》はありませんでしたね。

朝《あさ》がはやいので、授業中《じゅぎょうちゅう》は眠《ねむ》くてしかたがなかったです。授業《じゅぎょう》が頭《あたま》に入《はい》ってこなくて、気《き》づいたらぐっすり寝《ね》てしまっていたこともありました。まあ、そうやって体力《たいりょく》を温存《おんぞん》していたんですよ（笑《わらい》）。

山田監督流《やまだかんとくりゅう》の指導術《しどうじゅつ》

大人《おとな》になってから、山田先生《やまだせんせい》に申《もう》し合《あ》いの番数《ばんかず》が少《すく》なかった理由《りゆう》を聞《き》いたことがあります。すると、

「内容《ないよう》の良《よ》いすもうを取《と》れたら、それ以上取《いじょうと》ることはないんだよ。大切《たいせつ》なのは、それぞれの選手《せんしゅ》が脳《のう》みそに良《よ》いイメージをちゃんとインプットできること」

とおっしゃっていました。たしかに、強《つよ》い先輩《せんぱい》にいい内容《ないよう》で勝《か》てると自信《じしん》につながり、さらにやる気《き》が高《たか》まったことを覚《おぼ》えています。もし、強《つよ》い相手《あいて》と何十番《なんじゅうばん》もすもうを取《と》って負《ま》けつづければ、自信《じしん》を失《うしな》ってしまっていたことでしょう。監督《かんとく》の指導方法《しどうほうほう》は、そうした部《ぶ》員《いん》の気持《きも》ちの面《めん》もしっかり考《かんが》えられたものだったのです。

入学《にゅうがく》してすぐのころは、準《じゅん》レギュラーの先輩《せんぱい》たちに胸《むね》を借《か》りていました。最初《さいしょ》はほとんど勝《か》てませんでしたが、毎日《まいにち》、毎日《まいにち》、胸《むね》を借《か》りて2ヶ月《かげつ》ほどたつと、だんだんと勝《か》てるようになっていったのです。準《じゅん》レギュラーといっても全国的《ぜんこくてき》にはトップレベルの高校生《こうこうせい》ばかりです。そのなかには、いまも大相撲《おおずもう》で活躍《かつやく》している元幕内《もとまくうち》・明瀬山関《あきせやまぜき》の深尾光彦《ふかおみつひこ》さんもいました。こういう強《つよ》い先輩《せんぱい》に勝《か》てることが、うれしくてしかたがありませんでした。

5月《がつ》に入《はい》ると、レギュラーの3年生《ねんせい》の先輩《せんぱい》たちの胸《むね》を借《か》りることをゆるされ、そこでも勝《か》てるようになっていきました。毎日《まいにち》、自信《じしん》だけがのこりました。そうなると、すもうにより打《う》ちこめるようになって、練習《れんしゅう》が楽《たの》しく感《かん》じるようになっていきます。もちろん、練《れん》習《しゅう》はきびしくて苦《くる》しいのですが、強《つよ》い先輩《せんぱい》に勝《か》つことで、日々《ひび》なにかをやりとげることができたという達成感《たっせいかん》を得《え》られるようになっていました。

高校生《こうこうせい》の最初《さいしょ》の目標《もくひょう》は、団体戦《だんたいせん》の5人《にん》のレギュラーメンバーに選《えら》ばれることです。

メンバーは監督《かんとく》がけいこを見《み》て選《えら》びます。やっぱりレギュラーになりたいですから、1年生《ねんせい》から3年生《ねんせい》まで、みんないっしょうけんめいアピールします。申《もう》し合《あ》いの番数《ばんかず》が少《すく》ないので、一度《ど》でも悪《わる》いすもうを取《と》れば、レギュラーから遠《とお》ざかってしまいます。みんなめちゃくちゃ集中《しゅうちゅう》して、土俵際《どひょうぎわ》でもぜったいに力《ちから》を抜《ぬ》かずに一番《ばん》一番《ばん》を取《と》っていました。選手自身《せんしゅじしん》にこうした意識《いしき》を持《も》たせるところも監督《かんとく》の指導《しどう》のねらいだったと思《おも》います。短《みじか》い時間《じかん》のなかで力《ちから》をだしきる、内容《ないよう》の濃《こ》いけいこの日々《ひび》でした。

「おのこし」厳禁《げんきん》！ ちゃんこのルール

授業《じゅぎょう》とすもうのけいこですぎていく毎日《まいにち》ですから、食事《しょくじ》は数少《かずすく》ない楽《たの》しみのひとつです。

でも1年生《ねんせい》のときは、このちゃんこの時間《じかん》がつらかった！

相撲部《すもうぶ》の食事《しょくじ》は、昼《ひる》の弁当《べんとう》もふくめ、山田先生《やまだせんせい》が毎日《まいにち》つくってくれていました。先生《せんせい》が料理長《りょうりちょう》みたいな感《かん》じで、ちゃんこ番《ばん》やマネージャーが米《こめ》を研《と》いだり材料《ざいりょう》を切《き》ったりして、手伝《てつだ》います。山田先生《やまだせんせい》は冷凍食品《れいとうしょくひん》をいっさい使《つか》わないなど、食材《しょくざい》からすべてにこだわっていました。だから、料理《りょうり》はどれもとてもおいしかったんです。

夕食《ゆうしょく》は鍋《なべ》が中心《ちゅうしん》で、それと数種類《すうしゅるい》のおかずにご飯《はん》でした。そして、食事《しょくじ》のときにはぜったい守《まも》らなければいけないルールがありました。

「鍋《なべ》のスープ以外《いがい》はぜったいにのこしてはいけない」というルールです。

鍋《なべ》の具《ぐ》もおかずもご飯《はん》も、すべて食《た》べなくてはいけません。

食事《しょくじ》は、1年生《ねんせい》から3年生《ねんせい》まで全員《ぜんいん》がいっしょに食《た》べるのですが、すべてをたいらげるまで「ごちそうさま」をすることがゆるされません。そして、最後《さいご》にのこっているおかずや具《ぐ》をたいらげる役割《やくわり》が1年生《ねんせい》だったのです。

すもうは、体重《たいじゅう》が重《おも》いほど有利《ゆうり》になる競技《きょうぎ》です。ですから、「食《た》べることもけいこのうち」と言《い》われます。体《からだ》の小《ちい》さな1年生《ねんせい》は、はやく太《ふと》って体《からだ》を大《おお》きくしなければいけません。だから、たくさん食《た》べることは練習《れんしゅう》のひとつでもあったのです。

1年生《ねんせい》のあいだは、ご飯《はん》はかならず4～5杯《はい》、鍋《なべ》も7～8杯《ぱい》は食《た》べることがきまりでした。これをのこさないでぜんぶ食《た》べた上《うえ》、あまっているおかずも食《た》べなくてはいけません。時間《じかん》がかかると先輩《せんぱい》たちを待《ま》たせてしまうことになるので、途中《とちゅう》で休《やす》むこともできません。胃袋《いぶくろ》がはちきれそうでも食《た》べつづけました。

ちゃんこの特訓《とっくん》は、朝《あさ》ごはんも同《おな》じでした。朝《あさ》は、夕食《ゆうしょく》の鍋《なべ》ののこり汁《じる》でつくるおじやなのですが、つくる量《りょう》が多《おお》くて、1年生《ねんせい》は、朝《あさ》から4～5杯《はい》食《た》べないといけません。先輩《せんぱい》たちがぼくら1年生《ねんせい》の食《た》べ終《お》わるのを待《ま》っているので、最後《さいご》はアツアツのおじやに水《みず》をかけてお腹《なか》のなかに流《なが》しこんでいました。これがまた、胃《い》のなかでふくらむんです。朝《あさ》からお腹《なか》がパンパンで……。本当《ほんとう》にきつかったですね。

逆《ぎゃく》に先輩《せんぱい》は、自分《じぶん》の好《す》きな量《りょう》を自由《じゆう》に食《た》べることができます。だから、2年生《ねんせい》になってからはごはんがとてもおいしかったです。満足《まんぞく》したところでいつでもやめられますから。

この特訓《とっくん》のおかげで、入学《にゅうがく》したときは105キロほどだった体重《たいじゅう》も、2年生《ねんせい》になるころには120キロを超《こ》えていました。体重《たいじゅう》が増《ふ》えると相手《あいて》に伝《つた》わる圧力《あつりょく》も大《おお》きくなることを実感《じっかん》できます。とてもつらくて苦《くる》しいちゃんこの時間《じかん》だったけど、必要《ひつよう》なことだったと思《おも》います。

すべてはすもうで強《つよ》くなるために

山田監督《やまだかんとく》からはよく「掃除《そうじ》ができない選手《せんしゅ》は勝《か》てない」と言《い》われていました。とくにトイレ、台所《だいどころ》、風呂《ふろ》などの水《みず》まわりは、きたないとケガにつながるので、徹底《てってい》して掃除《そうじ》するようにきびしく指導《しどう》されました。部屋《へや》や廊下《ろうか》の隅《すみ》も、しっかり掃除《そうじ》できているかチェックされました。ですから、でかい高校生男子《こうこうせいだんし》ばかりの相撲部《すもうぶ》でしたが、寮《りょう》もけいこ場《ば》もののすごくきれいでしたよ。

これは、練習《れんしゅう》だけではなく、ふだんの生活《せいかつ》がすべてすもうにつながっているという教《おし》えだったと思《おも》います。

栄高校《さかえこうこう》では、携帯電話《けいたいでんわ》を持《も》つことも男女《だんじょ》の交際《こうさい》も禁止《きんし》されていました。中学時代《ちゅうがくじだい》のぼくならすごくイヤな規則《きそく》だと思《おも》ったことでしょう。でも、高校《こうこう》に入学《にゅうがく》してからは、そうしたルールもまったく苦《く》にならなくなっていました。

すもうをするために、すもうで強《つよ》くなるという目標《もくひょう》を持《も》って、栄高校《さかえこうこう》に入《はい》ったからです。練習《れんしゅう》はもちろん、食事《しょくじ》も掃除《そうじ》も生活《せいかつ》すべてをすもうにむけてやっているので、ほかのことはいっさい、必要《ひつよう》がないと思《おも》っていました。中学《ちゅうがく》のときは「すもうはダサい」と逃《に》げていたけれど、高校《こうこう》に入《はい》ってからは「もうぜったいに逃《に》げない」ときめていたんです。

寮生活《りょうせいかつ》という環境《かんきょう》も良《よ》かったのだと思《おも》います。ほかの高校《こうこう》の相撲部《すもうぶ》は、だいたい自宅《じたく》から学校《がっこう》に通《かよ》って練習《れんしゅう》をしていました。だから、すもうからはなれて遊《あそ》ぶ時間《じかん》もあったと思《おも》います。食事《しょくじ》もふつうは家《いえ》でつくってもらえて、食《た》べる量《りょう》も自分《じぶん》できめられます。

でも、自分《じぶん》たちは、彼《かれ》らが遊《あそ》んでいる時間《じかん》に掃除《そうじ》をして洗濯《せんたく》をしています。食事《しょくじ》も、体《からだ》を大《おお》きくするためにたくさん食《た》べることを求《もと》められます。

まさに生活《せいかつ》のすべてを、すもうだけにささげている毎日《まいにち》でした。だからこそ、そうでないほかの高校《こうこう》の選手《せんしゅ》には「負《ま》けられないぞ」という気持《きも》ちも強《つよ》かったと思《おも》います。

たまの楽《たの》しみといえば、午後《ごご》は練習《れんしゅう》がない日曜日《にちようび》に、近《ちか》くの大宮《おおみや》の繁華街《はんかがい》に行《い》ってぶらぶらすること。といっても、お金《かね》もないので、ラーメンを食《た》べて帰《かえ》るぐらいでした。でも、そんなことでも十分《じゅうぶん》に気分転換《きぶんてんかん》になって、とてもリフレッシュができました。

ひとつのことに熱中《ねっちゅう》すると、生活《せいかつ》も充実《じゅうじつ》するということを学《まな》んだような気《き》がします。

レギュラー選抜《せんばつ》テスト

高校《こうこう》に入《はい》って初《はじ》めての試合《しあい》は、4月《がつ》の埼玉県大会《さいたまけんたいかい》でした。体重別《たいじゅうべつ》で115キロ級未満《きゅうみまん》の部《ぶ》に出場《しゅつじょう》しました。この部門《ぶもん》にでた選手《せんしゅ》はほぼ1年生《ねんせい》だけだったこともあり、ぼくは優勝《ゆうしょう》しました。高校《こうこう》に入《はい》って初《はじ》めての優勝《ゆうしょう》でしたが、出場《しゅつじょう》した選手《せんしゅ》を見《み》ても勝《か》ってあたりまえという感《かん》じでしたので、それほどよろこびはありませんでした。

つぎは6月《がつ》の関東大会《かんとうたいかい》で、こちらも115キロ級未満《きゅうみまん》に出場《しゅつじょう》しました。この大会《たいかい》ではすぐに負《ま》けてしまいました。全国的《ぜんこくてき》にはあまり有名《ゆうめい》でない選手《せんしゅ》に負《ま》けたのですが、とくに落《お》ちこむことはなく「無名《むめい》なのに強《つよ》い人《ひと》がおるんやな」と思《おも》ったくらいでした。

けいこでは日々《ひび》強《つよ》くなっていく自分《じぶん》を感《かん》じていましたが、まだ体《からだ》も小《ちい》さいほうでしたし、試合《しあい》の結果《けっか》はこれからだという思《おも》いですもうを取《と》っていました。

この関東大会《かんとうたいかい》が終《お》わった6月末《がつまつ》のことです。

栄高校《さかえこうこう》に、高校相撲《こうこうずもう》の名門《めいもん》、茨城県《いばらきけん》の東洋大牛久高校《とうようだいうしくこうこう》が出《で》げいこにきました。このとき、ぼくは、同校《どうこう》のレギュラーの選手《せんしゅ》の胸《むね》を借《か》りてすもうを取《と》りました。なかなかいいすもうが取《と》れて、自分《じぶん》でも手《て》ごたえを感《かん》じていました。

練習《れんしゅう》が終《お》わったときです。山田監督《やまだかんとく》に呼《よ》ばれて、こう言《い》われました。

「豪太郎《ごうたろう》、インターハイの団体《だんたい》、おまえレギュラーで使《つか》うから」

山田監督《やまだかんとく》は、この牛久高校《うしくこうこう》との練習《れんしゅう》を見《み》て夏《なつ》のインターハイ「全国高校相撲選手権《ぜんこくこうこうすもうせんしゅけん》」の出場選手《しゅつじょうせんしゅ》を選《えら》ぶつもりだったのでした。つまり、この練習《れんしゅう》が実《じつ》はレギュラーの選抜《せんばつ》テストだったのです。

「はい！」と答《こた》えたものの、内心《ないしん》はめちゃくちゃびっくりしていました。

高校相撲《こうこうずもう》で全国《ぜんこく》レベルの大《おお》きな大会《たいかい》は1年《ねん》で5大会《たいかい》あります。なかでも8月《がつ》におこなわれるインターハイの「全国高校相撲選手権《ぜんこくこうこうすもうせんしゅけん》」は、個人戦《こじんせん》で優勝《ゆうしょう》した選手《せんしゅ》が「高校横綱《こうこうよこづな》」と呼《よ》ばれるなど、個人《こじん》、団体《だんたい》ともに文字《もじ》どおり高校相撲日本一《こうこうずもうにほんいち》をきめる最大《さいだい》の大会《たいかい》です。その重要《じゅうよう》な試合《しあい》の、団体戦《だんたいせん》のレギュラーメンバーに選《えら》ばれたのでした。

山田監督《やまだかんとく》は、「豪太郎《ごうたろう》は勝《か》てるかどうかわからないけど、強《つよ》い選手《せんしゅ》のなかでもんだほうが伸《の》びるだろう」と考《かんが》えてくれていたそうです。

当時《とうじ》のぼくはそんなことは知《し》るわけもなく、ただただ信《しん》じられない気分《きぶん》でした。あこがれて入《はい》った埼玉栄《さいたまさかえ》のレギュラーに、1年生《ねんせい》でただひとり、抜《ばっ》てきされたのです。「選《えら》んでもらったからには、期待《きたい》にこたえなくてはいけない」と気合《きあ》いが入《はい》りました。そして、「ぜったいにレギュラーからおろされないようにがんばろう」とちかい、ますますけいこにも集中《しゅうちゅう》して取《と》り組《く》むようになりました。

チームで勝《か》つということ

8月《がつ》、地方予選《ちほうよせん》を勝《か》ちあがった埼玉栄高校《さいたまさかえこうこう》は、インターハイの日《ひ》をむかえました。

その年《とし》の全国大会《ぜんこくたいかい》は茨城県笠間市《いばらきけんかさまし》でおこなわれました。ぼくにとっては、高校《こうこう》に入《はい》って初《はじ》めての全国大会《ぜんこくたいかい》です。すごく緊張《きんちょう》して会場《かいじょう》に入《はい》りました。

高校《こうこう》の団体戦《だんたいせん》は、各《かく》チーム5人《にん》の選手《せんしゅ》が順番《じゅんばん》に戦《たたか》い、白星《しろぼし》の多《おお》いチームが勝《か》ちとなります。自分《じぶん》は5人《にん》のなかで2番目《ばんめ》に戦《たたか》う「次鋒《じほう》」をまかされていました。

1回戦《かいせん》の相手《あいて》は大分《おおいた》の宇佐高校《うさこうこう》。土俵下《どひょうした》でドキドキしていると、さらに緊張《きんちょう》することが起《お》こりました。最初《さいしょ》に「先鋒《せんぽう》」で戦《たたか》った先輩《せんぱい》が負《ま》けてしまったのです。

5人《にん》の団体戦《だんたいせん》は、先《さき》に3勝《しょう》すればチームの勝《か》ちがきまります。万《まん》が一《いち》、ぼくが負《ま》けてしまえば、のこる3人《にん》の先輩《せんぱい》が全員勝《ぜんいんか》たなければいけなくなります。いきなり気持《きも》ちが追《お》いこまれる状況《じょうきょう》で土俵《どひょう》にあがりました。そのとき——。

「おちついていけ！」

「もう少《すこ》しリラックス、リラックス！」

土俵《どひょう》の下《した》から先輩《せんぱい》たちの励《はげ》ましの声《こえ》が聞《き》こえてきました。

この言葉《ことば》でよけいな力《りき》みはなくなりました。

「とにかく気合《きあ》いだけは負《ま》けない」

そう思《おも》って相手《あいて》とむきあい、集中《しゅうちゅう》していどみました。

結果《けっか》は一気《いっき》の突《つ》き押《お》しで、勝利《しょうり》。

「よっしゃー！」と、勝《か》ってもまだ気合《きあ》いがみなぎってきたことを覚《おぼ》えています。

つづく中堅《ちゅうけん》、副将《ふくしょう》、大将《たいしょう》の先輩《せんぱい》3人《にん》も勝《か》って、1回戦《かいせん》は4—1で突破《とっぱ》しました。


その後《ご》も埼玉栄高校《さいたまさかえこうこう》は勝《か》ちつづけて、この大会《たいかい》で団体優勝《だんたいゆうしょう》をつかみとりました。ぼくも、あぶないすもうもありましたが、決勝《けっしょう》までの全《ぜん》8試合《しあい》で勝利《しょうり》して優勝《ゆうしょう》に貢献《こうけん》できました。

優勝《ゆうしょう》がきまった瞬間《しゅんかん》、3年生《ねんせい》の先輩《せんぱい》は泣《な》きさけびながらよろこんでいました。それまで2年間《ねんかん》、埼玉栄高校《さいたまかえこうこう》は優勝《ゆうしょう》から遠《とお》ざかっていたので、念願《ねんがん》の団体優勝《だんたいゆうしょう》だったのです。

高校生《こうこうせい》の相撲部《すもうぶ》は、どこもインターハイの団体優勝《だんたいゆうしょう》を一番《いちばん》の目標《もくひょう》にして日々《ひび》の練習《れんしゅう》をしています。ぼくも先輩《せんぱい》たちがその目標《もくひょう》にむかってがんばっている姿《すがた》をずっと見《み》てきました。

しかも、寮《りょう》でもいっしょに生活《せいかつ》をしている、それこそ家族《かぞく》のようなメンバーです。

なみだを流《なが》して監督《かんとく》を胴上《どうあ》げする先輩《せんぱい》たちを見《み》ながら、

「**団体優勝《だんたいゆうしょう》ってすごい、こんなにいいもんなんや**」

右《みぎ》から２人目《ふたりめ》。中学時代《ちゅうがくじだい》にくらべると体《からだ》が大《おお》きくなってきた。

と感動《かんどう》したことをよく覚《おぼ》えています。

すもうは、自分《じぶん》と相手《あいて》の一対一《いったいいち》の勝負《しょうぶ》で、個人競技《こじんきょうぎ》です。基本的《きほんてき》には自分《じぶん》が強《つよ》いか相手《あいて》が強《つよ》いか、それだけです。

でも、団体戦《だんたいせん》は自分《じぶん》が勝《か》つだけでは勝《か》ちあがれません。ですから、いつもはおっかない先輩《せんぱい》たちが、後輩《こうはい》のぼくにも気《き》をつかって声《こえ》をかけつづけ、気持《きも》ちを盛《も》りあげてくれたのです。高校《こうこう》に入《はい》るまでは「団体戦《だんたいせん》ってそんな重要《じゅうよう》やないやろ」と思《おも》っていましたが、個人戦《こじんせん》では味《あじ》わえないチームワークのすばらしさをこのと

き初《はじ》めて感《かん》じました。

1年《ねん》あれば、人《ひと》は大《おお》きく変《か》わることができる

このインターハイ団体優勝《だんたいゆうしょう》までの自分自身《じぶんじしん》の1年間《ねんかん》のことを考《かんが》えると、いまでも不思議《ふしぎ》な気持《きも》ちになります。中学《ちゅうがく》3年生《ねんせい》のぼくは、体重《たいじゅう》もまだ75キロほどしかありませんでした。8月《がつ》の「全国中学相撲選手権《ぜんこくちゅうがくすもうせんしゅけん》」にはでましたが、決勝《けっしょう》トーナメント1回《かい》戦《せん》ですぐ負《ま》けてしまいました。

そのときの全中《ぜんちゅう》で優勝《ゆうしょう》したのが、いまの栃煌山関《とちおうざんぜき》の影山雄一郎君《かげやまゆういちろうくん》です。

影山君《かげやまくん》とは、小学生《しょうがくせい》のときは自分《じぶん》のほうが優勢《ゆうせい》だったのに、中学《ちゅうがく》で完全《かんぜん》に差《さ》をつけられてしまっていました。中学《ちゅうがく》3年生《ねんせい》で体重《たいじゅう》も120キロと大《おお》きくなった影山君《かげやまくん》は、みごとに優勝《ゆうしょう》して中学横綱《ちゅうがくよこづな》にかがやいていたのです。そんな姿《すがた》を、ぼんやりと観客席《かんきゃくせき》で見《み》ていたことを覚《おぼ》えています。

それが、山田監督《やまだかんとく》から埼玉栄高校《さいたまさかえこうこう》にさそわれたことですべてが変《か》わりました。ちゃらんぽらんな自分《じぶん》を捨《す》て、体重《たいじゅう》を増《ふ》やし、1年《ねん》しっかりすもうとむきあいました。そしてその1年後《ねんご》、高校相撲《こうこうずもう》の団体日本一《だんたいにほんいち》のメンバーとして優勝《ゆうしょう》をよろこんでいたのです。1年前《ねんまえ》にはとても想像《そうぞう》できなかったことでした。

なにもしなくても1年《ねん》はすぎていきます。同《おな》じ時間《じかん》がすぎるなら、腹《はら》をきめてなにかに集中《しゅうちゅう》したほうがいいと思《おも》います。人《ひと》は、やる気《き》になれば変《か》わることができます。1年《ねん》で天《てん》と地《ち》ほど変《か》わったこのときの自分《じぶん》をふりかえると、よけいにそう思《おも》います。

このインターハイでの団体優勝《だんたいゆうしょう》は、またひとまわりぼくを大《おお》きくしてくれました。

「監督《かんとく》の教《おし》えを守《まも》っていれば強《つよ》くなれる」

そう信《しん》じて、ますます練習《れんしゅう》にのめりこむようになっていきました。

それでも、上級生《じょうきゅうせい》には勝《か》てないこともまだまだ多《おお》かったです。秋《あき》の全国大会《ぜんこくたいかい》、国民体育《こくみんたいいく》大会《たいかい》も団体《だんたい》レギュラーで出場《しゅつじょう》しましたが、予選《よせん》で2連敗《れんぱい》して先輩《せんぱい》に迷惑《めいわく》をかけてしまいました。決勝《けっしょう》トーナメントは4試合《しあい》で3勝《しょう》1敗《ぱい》となんとか貢献《こうけん》して、優勝《ゆうしょう》することができました。インターハイにつづき先輩《せんぱい》たちの笑顔《えがお》が見《み》られて、ほっとしたことを覚《おぼ》えています。

年《とし》が明《あ》けて3月《がつ》。3年生《ねんせい》の先輩《せんぱい》たち4人《にん》が卒業《そつぎょう》され、寮《りょう》をでていきました。

毎日《まいにち》あたりまえのようにいっしょに暮《く》らしている人《ひと》が急《きゅう》にいなくなることは、とても不《ふ》思議《しぎ》な感覚《かんかく》があるんですよ。怖《こわ》い先輩《せんぱい》がいなくなって気《き》が楽《らく》になった部分《ぶぶん》もありましたが、なんだかとてもさみしい気分《きぶん》のほうが強《つよ》かったです。

くやしさでつかんだ個人優勝《こじんゆうしょう》

そして2003年《ねん》4月《がつ》、ぼくは高校《こうこう》2年生《ねんせい》になりました。

2年生《ねんせい》になると、掃除《そうじ》、洗濯《せんたく》など1年生《ねんせい》のときに当番《とうばん》でやっていた仕事《しごと》がなくなり、ずっと楽《らく》になります。なにより、ごはんを無理《むり》やり食《た》べる必要《ひつよう》がなくなったことはうれしかったですね。食卓《しょくたく》のものをすべて食《た》べきらなければいけないプレッシャーから解放《かいほう》されて、食事《しょくじ》をおいしく楽《たの》しめるようになりました。

ほかにも、音楽《おんがく》を聴《き》くときにイヤホンを両方《りょうほう》の耳《みみ》につけられるようになったことも、2年生《ねんせい》になってうれしかったことのひとつです。当時《とうじ》の埼玉栄相撲部《さいたまさかえすもうぶ》では、1年生《ねんせい》が寮《りょう》にかかってくる電話《でんわ》に対応《たいおう》するきまりだったので、イヤホンは片方《かたほう》の耳《みみ》にしかつけてはいけないというルールがあったのです。別《べつ》に両耳《りょうみみ》につけていても聞《き》こえるとは思《おも》うのですが、そうすると先輩《せんぱい》からものすごく怒《おこ》られました。もしかすると、高校《こうこう》や大学《だいがく》の運動部《うんどうぶ》には、どこもその部《ぶ》ならではの変《か》わったしきたりがあるかもしれません。

2年生《ねんせい》では、最初《さいしょ》から団体戦《だんたいせん》のレギュラーに選《えら》ばれました。団体戦《だんたいせん》には5人制《にんせい》以外《いがい》にも3人制《にんせい》があるのですが、どちらもレギュラーになりました。全国大会《ぜんこくたいかい》の個人戦《こじんせん》にも出場《しゅつじょう》することになり、新人戦《しんじんせん》といわれる高知県《こうちけん》でおこなわれる「全国高等学校相撲選抜大会《ぜんこくこうとうがっこうすもうせんばつたいかい》」に出場《しゅつじょう》しました。この大会《たいかい》ではベスト32で負《ま》けましたが、5月《がつ》の石川県《いしかわけん》の「高等学校相撲金沢大会《こうとうがっこうすもうかなざわたいかい》」では優勝《ゆうしょう》できました。

実《じつ》はこの優勝《ゆうしょう》には、少《すこ》し苦《にが》い思《おも》い出《で》があります。

金沢大会《かなざわたいかい》では、個人戦《こじんせん》の前《まえ》に団体戦《だんたいせん》がおこなわれます。その3人制《にんせい》の団体戦《だんたいせん》で、ぼくは3番目《ばんめ》に戦《たたか》う大将《たいしょう》でした。ベスト16で愛知県《あいちけん》の愛工大名電《あいこうだいめいでん》にあたり、1―1でむかえた大《たい》将戦《しょうせん》。相手《あいて》に立《た》ち合《あ》いから一気《いっき》に持《も》っていかれてしまいました。完敗《かんぱい》です。あまりにふがいない内容《ないよう》だったので、試合後《しあいご》、監督《かんとく》からものすごく怒《おこ》られました。そして、こう怒鳴《どな》られました。

「くやしかったら個人戦《こじんせん》で優勝《ゆうしょう》してみろ！」

個人戦《こじんせん》は、団体戦《だんたいせん》の終了後《しゅうりょうご》にすぐはじまります。へこんでいるひまはありません。「もうやるしかない」と思《おも》って必死《ひっし》でした。

個人戦《こじんせん》のベスト16は、団体戦《だんたいせん》で負《ま》けた愛工大名電《あいこうだいめいでん》の選手《せんしゅ》とまたあたりました。「2度《ど》も負《ま》けてたまるか！」と、思《おも》いっきりの上手投《うわてな》げでたおしました。そのままの勢《いきお》いで決勝戦《けっしょうせん》まで勝《か》ち進《すす》みました。相手《あいて》は、五所川原農林高校《ごしょがわらのうりんこうこう》の三浦歓之君《みうらよしゆきくん》、いまの誉富士関《ほまれふじぜき》です。押《お》し相撲《ずもう》が得意《とくい》な三浦君《みうらくん》でしたが、立《た》ち合《あ》いでいきなり変化《へんか》をしてきました。予想《よそう》していませんでしたが、なんとか体《からだ》がのこって上手《うわて》を取《と》って上手投《うわてな》げでたおしました。

高校《こうこう》に入《はい》って初《はじ》めての個人《こじん》の全国優勝《ぜんこくゆうしょう》でした。もちろん大《おお》きな自信《じしん》になりましたが、団《だん》体戦《たいせん》で負《ま》けて山田先生《やまだせんせい》に怒《おこ》られたことのほうが思《おも》い出《で》にのこっています。

良《よ》いチームの条件《じょうけん》

個人《こじん》としては金沢大会《かなざわたいかい》で優勝《ゆうしょう》し、だんだん自分《じぶん》に実力《じつりょく》がついてきていることを感《かん》じていました。しかし、そのころのぼくは、団体戦《だんたいせん》で勝利《しょうり》することに一番《いちばん》のよろこびを感《かん》じるようになっていました。

埼玉栄高校《さいたまさかえこうこう》の相撲部《すもうぶ》は、だれもがレギュラーに選《えら》ばれようと必死《ひっし》で毎日《まいにち》けいこをしています。毎日《まいにち》の申《もう》し合《あ》いも、学年《がくねん》に関係《かんけい》なく「ぜったいに負《ま》けたくない」と思《おも》って真剣《しんけん》に取《と》り組《く》んでいます。ウエイトトレーニングでも、同級生《どうきゅうせい》があげているのよりも重《おも》い重量《じゅうりょう》を持《も》ちあげようといつも競《きそ》いあっていました。

きびしいようですが、そうやって同《おな》じ相撲部《すもうぶ》の仲間《なかま》をけおとしていかないとレギュラーにはなれません。ふつうの友達関係《ともだちかんけい》では、仲《なか》がいいことはすばらしいことだと思《おも》います。でも、なれあっていては、ぜったいに強《つよ》くなることはできません。常《つね》におたがいをライバ

競《きそ》いあった高校《こうこう》の仲間《なかま》たち。左《ひだり》は宮本君《みやもとくん》、いまの妙義龍関《みょうぎりゅうぜき》。

ルだと考《かんが》えてピリピリした緊張感《きんちょうかん》を持《も》っているからこそ、成長《せいちょう》できます。

仲良《なかよ》しグループでは、強《つよ》いチームは育《そだ》たないのです。

練習《れんしゅう》だけでなく同《おな》じ屋根《やね》の下《した》で寝食《しんしょく》もともにして、おたがいに「負《ま》けたくない」と思《おも》いながら刺激《しげき》しあっているのが相撲《すもう》部《ぶ》の仲間《なかま》です。しかし、そのなかで生《い》きのこった選手《せんしゅ》だけが団体戦《だんたいせん》のレギュラーになれます。だからこそ、選《えら》ばれなかった仲間《なかま》のためにもぜったい負《ま》けられないという気持《きも》ちになるし、チームで勝《か》てたときのよろこびは個人《こじん》での勝利《しょうり》の何倍《なんばい》も大《おお》きいものでした。

しかし、ぼくが高校《こうこう》2年生《ねんせい》の年《とし》は、団体戦《だんたいせん》での成績《せいせき》がずっと不振《ふしん》でした。

8月《がつ》になり、ふたたびインターハイがやってきました。この年《とし》の「全国高校相撲選手権《ぜんこくこうこうすもうせんしゅけん》」は、長崎県平戸市《ながさきけんひらどし》でおこなわれました。個人戦《こじんせん》は決勝《けっしょう》トーナメントの2回戦《かいせん》で負《ま》けてしまったぼくは、団体《だんたい》で結果《けっか》をのこそうと気合《きあ》いをいれていました。しかし、団体戦《だんたいせん》も早々《はやばや》と負《ま》けてしまいます。高校《こうこう》で一番大事《いちばんだいじ》なインターハイの試合《しあい》で、個人《こじん》も団体《だんたい》もボロボロの成績《せいせき》だったので本当《ほんとう》にくやしい思《おも》いをしました。

同《おな》じ8月《がつ》の「十和田大会《とわだたいかい》」では、個人戦《こじんせん》では優勝《ゆうしょう》したのですが、団体戦《だんたいせん》は3位《い》でした。のこる全国大会《ぜんこくたいかい》は、静岡《しずおか》で10月《がつ》におこなわれる国体《こくたい》だけ。3年生《ねんせい》の先輩《せんぱい》にとっては、最後《さい》の全国大会《ぜんこくたいかい》です。「最後《さいご》だからがんばろう」と、みんなで気合《きあ》いをいれていどみました。

5人制《にんせい》の団体戦《だんたいせん》の決勝《けっしょう》まで勝《か》ち進《すす》み、最後《さいご》の相手《あいて》は影山君《かげやまくん》のいる明徳義塾高校《めいとくぎじゅくこうこう》のチームでした。ぼくは5人《にん》のなかで最後《さいご》に戦《たたか》う大将《たいしょう》をつとめていました。

試合《しあい》は勝《か》ったり負《ま》けたりで、2—2と互角《ごかく》のまま大将戦《たいしょうせん》となりました。勝《か》てば優勝《ゆうしょう》です。対戦相手《たいせんあいて》は、後《のち》に十両《じゅうりょう》の千代桜関《ちよざくらぜき》となる実力者《じつりょくしゃ》の立野卓君《たてのまさるくん》でした。

「ぜったいに勝《か》つ！」

埼玉栄高校《さいたまさかえこうこう》のみんなの気持《きも》ちを背負《せお》って、無我夢中《むがむちゅう》で前《まえ》にでました。

結果《けっか》は勝利《しょうり》でした。1年間《ねんかん》の最後《さいご》の大会《たいかい》で、なんとか団体戦《だんたいせん》で優勝《ゆうしょう》できたのです。

この国体《こくたい》では、個人戦《こじんせん》でも優勝《ゆうしょう》したので、初《はじ》めて個人《こじん》と団体《だんたい》の両方《りょうほう》で優勝《ゆうしょう》して本当《ほんとう》にうれしかったことを覚《おぼ》えています。

1年生《ねんせい》のときのインターハイの団体優勝《だんたいゆうしょう》は、3年生《ねんせい》に優勝《ゆうしょう》まで引《ひ》っぱってもらった感覚《かんかく》でした。でもこの国体《こくたい》での団体優勝《だんたいゆうしょう》は、自分《じぶん》もふくめたチームみんなの力《ちから》で勝《か》ったという実感《じっかん》がありました。翌年《よくねん》は、3年生《ねんせい》になります。こんどは自分《じぶん》たちの学年《がくねん》が後輩《こうはい》を引《ひ》っぱっていかなくてはいけません。そんな責任《せきにん》が重《おも》い最上級生《さいじょうきゅうせい》になってもやっていけるという自信《じしん》を、国体《こくたい》の優勝《ゆうしょう》でもらった気《き》がしました。

最強《さいきょう》のライバル、影山雄一郎君《かげやまゆういちろうくん》

相撲部《すもうぶ》の仲間《なかま》にくわえて良《よ》い刺激《しげき》になっていたのが、全国《ぜんこく》にいるライバルたちです。なかでも、明徳義塾《めいとくぎじゅく》に入《はい》った影山雄一郎君《かげやまゆういちろうくん》、いまの栃煌山関《とちおうざんぜき》の存在《そんざい》は大《おお》きかったですね。

影山君《かげやまくん》とは小学生《しょうがくせい》のときから対戦《たいせん》してきました。ぼくがすもうから気持《きも》ちがはなれていた中学生時代《ちゅうがくせいじだい》に彼《かれ》は中学横綱《ちゅうがくよこづな》になり、高校《こうこう》に入《はい》ってからは目標《もくひょう》となる存在《そんざい》でした。高校《こうこう》2年生《ねんせい》の9月《がつ》の「宇佐大会《うさたいかい》」で、高校《こうこう》に入《はい》って初《はじ》めて影山君《かげやまくん》と対戦《たいせん》するときがやってきました。中学生《ちゅうがくせい》から体重《たいじゅう》も増《ふ》え、実力《じつりょく》もどんどんあがってきていたころです。

「最初《さいしょ》やし、いわしとかなあかん」

気合《きあ》いも十分《じゅうぶん》にむかっていきましたが、影山君《かげやまくん》に胸《むね》からあたられ、下《した》から両腕《りょううで》をわきの下《した》にいれられるもろ差《ざ》しをゆるしてしまい、一気《いっき》に寄《よ》り切《き》られて敗《やぶ》れました。

この大会《たいかい》で影山君《かげやまくん》は優勝《ゆうしょう》しました。あらためて彼《かれ》の強《つよ》さを体《からだ》で感《かん》じて「ぜったいに負《ま》けたくない」というライバル心《しん》がふつふつとわいてきました。

くやしさをとりかえすときはすぐにやってきました。1ケ月後《げつご》の国体《こくたい》の個人戦《こじんせん》で、ふたたび対戦《たいせん》する機会《きかい》が生《う》まれたのです。前回《ぜんかい》と同《おな》じように寄《よ》られましたが、首《くび》をかかえながら投《な》げる首投《くびな》げをくりだして、なんとか逆転《ぎゃくてん》で勝《か》ちました。こんどは、ぼくが国体《こくたい》で優勝《ゆうしょう》しました。

「影山《かげやま》に勝《か》たな、高校横綱《こうこうよこづな》にはなられへん」

3年生《ねんせい》のときの宇佐大会《うさたいかい》では、ぼくが影山君《かげやまくん》に勝《か》った。

この2回《かい》の対戦《たいせん》をとおして、影《かげ》山君《やまくん》のことを強《つよ》く意識《いしき》するようになりました。

影山君《かげやまくん》は、高校生《こうこうせい》ばなれした馬《ば》力《りき》がありました。同級生《どうきゅうせい》のなかで一番《いちばん》だったと思《おも》います。立《た》ち合《あ》いのとてつもない威力《いりょく》に負《ま》けないよう、毎日《まいにち》のけいこから意識《いしき》して自《じ》分自身《ぶんじしん》の出足《であし》をみがいていきました。また、影山君《かげやまくん》に勝《か》つには、まともに受《う》けるだけではダメだと思《おも》い、ビデオを見《み》るなど研究《けんきゅう》して横《よこ》から攻《せ》めることを意識《いしき》しました。

影山君《かげやまくん》のほかにも、小《しょう》2から対《たい》

戦《せん》してきた荒木関賢悟君《あらきぜきけんごくん》も良《よ》きライバルでした。小学校《しょうがっこう》のとき、荒木関君《あらきぜきくん》に負《ま》けたことですもうをがんばろうと思《おも》えた好敵手《こうてきしゅ》です。

荒木関君《あらきぜきくん》は、ぼくと同《おな》じように青森《あおもり》の実家《じっか》をはなれ、石川県《いしかわけん》の金沢市立工業高校《かなざわしりつこうぎょうこうこう》で実力《じつりょく》を発揮《はっき》していました。彼《かれ》とも高校《こうこう》2年生《ねんせい》のときに「十和田大会《とわだたいかい》」で対戦《たいせん》しました。結果《けっか》はぼくが勝《か》ちましたが、鋭《するど》い出足《であし》は、子供《こども》のころと変《か》わっていませんでした。

影山君《かげやまくん》、荒木関君《あらきぜきくん》。こうしたライバルの存在《そんざい》が、毎日《まいにち》のけいこにもっと集中《しゅうちゅう》することにつながっていきました。

高校《こうこう》2年生《ねんせい》の冬《ふゆ》、年《とし》が変《か》わった2004年《ねん》の2月《がつ》のことです。埼玉栄相撲部《さいたまさかえすもうぶ》は3年生《ねんせい》が引退《いんたい》し、新《しん》チームで最初《さいしょ》の大会《たいかい》「全国選抜高校相撲弘前大会《ぜんこくせんばつこうこうすもうひろさきたいかい》」に出場《しゅつじょう》しました。

3人制《にんせい》のメンバーは、ぼくと同《おな》じ学年《がくねん》で新《しん》キャプテンの高山和典君《たかやまかずのりくん》と、1年後輩《ねんこうはい》の佐野《さの》マービンJr君《ジュニアくん》でした。マービンJr君《ジュニアくん》は、後《のち》にプロに入門《にゅうもん》し大翔勇《だいしょうゆう》のしこ名《な》で幕下上位《まくしたじょうい》まで行《い》きましたが、病気《びょうき》で引退《いんたい》して、いまはお笑《わら》い芸人《げいにん》としてがんばっています。

この大会《たいかい》で、埼玉栄高校《さいたまさかえこうこう》は幸先良《さいさきよ》く、他校《たこう》を圧倒《あっとう》して団体戦優勝《だんたいせんゆうしょう》することができました。

ずば抜《ぬ》けた強《つよ》さでの優勝《ゆうしょう》だったので「オレら、今年《ことし》は強《つよ》いぞ」といい手《て》ごたえを感《かん》じたことを覚《おぼ》えています。

ただ、この弘前大会《ひろさきたいかい》の個人戦《こじんせん》でぼくの前《まえ》に立《た》ちはだかったのが影山君《かげやまくん》でした。準決勝《じゅんけっしょう》で対戦《たいせん》して敗《やぶ》れ、結果《けっか》、影山君《かげやまくん》が優勝《ゆうしょう》しました。つぎに3月に高知県《こうちけん》でおこなわれた新人戦《しんじんせん》の「全国高校相撲選抜大会《ぜんこくこうこうすもうせんばつたいかい》」でふたたび対戦《たいせん》しました。このときは、土俵際《どひょうぎわ》まで攻《せ》められながらぎりぎりのところではたきこんでぼくが勝《か》ち、結果《けっか》、優勝《ゆうしょう》しました。

ぼくと影山君《かげやまくん》は、直接対決《ちょくせつたいけつ》で勝《か》ったほうが優勝《ゆうしょう》するという感《かん》じになっていました。「影山《かげやま》に勝《か》てば、高校生《こうこうせい》で一番《ばん》になれる」、そう思《おも》うようになっていました。おそらく影《かげ》山君《やまくん》も「澤井《さわい》に勝《か》てば優勝《ゆうしょう》できる」と考《かんが》えていたと思《おも》います。

勝《か》つのはどっちだ

高校《こうこう》3年生《ねんせい》になったぼくは、インターハイでの団体優勝《だんたいゆうしょう》を第《だい》一の目標《もくひょう》に定《さだ》めました。

最初《さいしょ》の全国大会《ぜんこくたいかい》、5月《がつ》の金沢大会《かなざわたいかい》では、団体《だんたい》も個人《こじん》も優勝《ゆうしょう》することはできませんでした。団体《だんたい》は決勝《けっしょう》で荒木関君《あらきぜきくん》のいる金沢市立工業《かなざわしりつこうぎょう》に負《ま》けて、個人《こじん》は影山君《かげやまくん》が優勝《ゆうしょう》しました。

ライバルたちも着実《ちゃくじつ》に力《ちから》をつけてきていました。

つぎは、いよいよ高校日本一《こうこうにほんいち》をきめるインターハイ「全国高校相撲選手権《ぜんこくこうこうすもうせんしゅけん》」です。

3年間《ねんかん》の集大成《しゅうたいせい》で、なんとしても優勝《ゆうしょう》のタイトルをつかみとりたいと思《おも》っていました。

メンバーも優勝《ゆうしょう》できる選手《せんしゅ》がそろっています。「ぜったいに優勝《ゆうしょう》しないといけない」と言《い》い聞《き》かせながら、大会《たいかい》にむけてけいこを積《つ》んでいきました。


大会当日《たいかいとうじつ》。まずは個人戦《こじんせん》に出場《しゅつじょう》しました。順当《じゅんとう》に勝《か》ち進《すす》みベスト16がやってきました。対戦相手《たいせんあいて》は、影山君《かげやまくん》です。

これまでの大会《たいかい》ではどちらか勝《か》ったほうが優勝《ゆうしょう》という、最大《さいだい》のライバルとの試合《しあい》です。いやがうえにも緊張《きんちょう》が高《たか》まります。影山君《かげやまくん》のあたりはすさまじく強《つよ》かったので、まともにむかっては勝《か》てないと考《かんが》えたぼくは、立《た》ち合《あ》いで横《よこ》へ変《か》わり気味《ぎみ》に動《うご》いて上手《うわて》を取《と》る作戦《さくせん》をとることにしました。

ところが、おたがいに意識《いしき》しまくっていたのでしょう。立《た》ち合《あ》いがなかなか成立《せいりつ》せず、「待《ま》った」を8回《かい》もくりかえしたのです。

ぼくは、すべての立《た》ち合《あ》いで作戦《さくせん》どおり横《よこ》へ変《か》わる動《うご》きを見《み》せました。敵《てき》に戦法《せんぽう》は完全《かんぜん》にばれています。それでも「ぶれずにいこう」と覚悟《かくご》を固《かた》めていました。

9回目《かいめ》に立《た》ち合《あ》いがようやく成立《せいりつ》したときも、作戦《さくせん》を変《か》えませんでした。左《ひだり》に動《うご》いて左《ひだり》上手《うわて》を取《と》りました。作戦《さくせん》どおりです。一気《いっき》に出《だ》し投《な》げを打《う》って体《からだ》をおよがせたところを寄《よ》りました。が、影山君《かげやまくん》もねばります。巻《ま》き替《か》えられて逆《ぎゃく》にぼくがピンチにおちいりました。ぼくも反撃《はんげき》し巻《ま》き替《か》えをくりだし、そんな攻防《こうぼう》がつづきました。投《な》げを打《う》っても半身《はんみ》になって影山君《かげやまくん》はのこりました。

大熱戦《だいねっせん》です。場内《じょうない》からは歓声《かんせい》と大《おお》きな拍手《はくしゅ》がわき起《お》こっていましたが、土俵《どひょう》で戦《たたか》っているぼくの耳《みみ》にはなにも聞《き》こえません。最後《さいご》は、巻《ま》き替《か》えからもろ差《ざ》しをきめて、そのまま必死《ひっし》で寄《よ》り切《き》りました。

「勝《か》った！　――これで優勝《ゆうしょう》できる」

大《おお》きな拍手《はくしゅ》のなか、高校日本一《こうこうにほんいち》への手《て》ごたえを感《かん》じていました。

高校生日本一《こうこうせいにほんいち》

決勝《けっしょう》の対戦相手《たいせんあいて》は、同《おな》じ埼玉栄高校《さいたまさかえこうこう》の同級生《どうきゅうせい》、宮本泰成君《みやもとやすなりくん》でした。

現在《げんざい》もぼくと同《おな》じ境川部屋《さかいがわべや》にいる、妙義龍関《みょうぎりゅうぜき》です。

兵庫県出身《ひょうごけんしゅっしん》の宮本君《みやもとくん》は、高校《こうこう》に進《すす》むときに同《おな》じ新幹線《しんかんせん》に乗《の》って埼玉《さいたま》まできた仲間《なかま》です。

宮本君《みやもとくん》は1年生《ねんせい》のときは目立《めだ》たない存在《そんざい》でしたが、2年生《ねんせい》の終《お》わりごろから一気《いっき》に強《つよ》くなって、3年生《ねんせい》になると全国大会《ぜんこくたいかい》でもトップレベルの成績《せいせき》をのこす選手《せんしゅ》になっていました。

ずっと同《おな》じ寮《りょう》で生活《せいかつ》をともにし、きびしい練習《れんしゅう》にたえて、おたがいにがんばっているところを間近《まぢか》で見《み》てきました。中学校《ちゅうがっこう》の卒業式《そつぎょうしき》のつぎの日《ひ》、新幹線《しんかんせん》に乗《の》ったときには、2年《ねん》半後《はんご》に高校日本一《こうこうにほんいち》をきめる決勝《けっしょう》で対戦《たいせん》するなんて思《おも》いもよりません。対戦《たいせん》がきまったときは、どこか不思議《ふしぎ》な気持《きも》ちになりました。

おたがいに実力《じつりょく》は一番《いちばん》わかっているので、大事《だいじ》なのは気持《きも》ちです。油断《ゆだん》はせずに、自分《じぶん》のすもうで勝《か》つことだけを考《かんが》えて宮本君《みやもとくん》にむかっていきました。

結果《けっか》は、ぼくの勝《か》ち。

優勝《ゆうしょう》です。高校横綱《こうこうよこづな》になったのです。

念願《ねんがん》の高校横綱《こうこうよこづな》になって。右《みぎ》は宮本君《みやもとくん》（妙義龍関《みょうぎりゅうぜき》）。

よろこびよりもどこかほっと安心《あんしん》した気持《きも》ちになりました。

1年生《ねんせい》のときに山田監督《やまだかんとく》から「高校横綱《こうこうよこづな》になれるよ」と言《い》われたことを思《おも》いだしました。

その監督《かんとく》の教《おし》えを守《まも》り、ついてきて良《よ》かった。そう思《おも》ってほっとしたのだと思《おも》います。

ただ、よろこんでいられるのもつかのまです。なんといっても団体戦《だんたいせん》で優勝《ゆうしょう》することが最大《さいだい》の目標《もくひょう》です。

高校横綱《こうこうよこづな》になった余韻《よいん》にひたるひまもなく、団体戦《だんたいせん》にいどみました。

ぼくは5人制《にんせい》の5番目《ばんめ》に戦《たたか》う大将《たいしょう》でした。相手《あいて》チームとの実力《じつりょく》が近《ちか》い場合《ばあい》は、勝敗《しょうはい》を分《わ》けるプレッシャーがかかるポジションです。でも、いつでも「2勝《しょう》2敗《はい》でこい。オレが勝《か》ってきめてやるわ」と、そんな気持《きも》ちでつとめていました。

順当《じゅんとう》に勝《か》ち進《すす》んだ準々決勝《じゅんじゅんけっしょう》の相手《あいて》は、大阪代表《おおさかだいひょう》の近畿大学附属高校《きんきだいがくふぞくこうこう》でした。メンバーの力《ちから》を見《み》ても、それぞれ負《ま》ける相手《あいて》はいません。ぼくは、さすがに大将戦《たいしょうせん》の前《まえ》には3勝《しょう》して終《お》わるだろうなと思《おも》って、楽《らく》にかまえていました。ところが、負《ま》けないはずの相手《あいて》にチームメイトがバタバタと負《ま》けて、2勝《しょう》2敗《はい》で大将戦《たいしょうせん》となったのです。

予想《よそう》していなかった展開《てんかい》であせりましたが、自分《じぶん》の力《ちから》を信《しん》じるしかありません。気合《きあ》いをいれなおして、土俵《どひょう》にあがります。立《た》ち合《あ》い、相手《あいて》をいなしてもろ差《ざ》しになり、そこから寄《よ》り倒《たお》して勝《か》ちました。

つづく準決勝《じゅんけっしょう》の鳥取城北《とっとりじょうほく》戦《せん》も、ふたたび2勝《しょう》2敗《はい》で大将戦《たいしょうせん》に持《も》ちこまれました。またも自分《じぶん》が負《ま》ければ優勝《ゆうしょう》はなしという状況《じょうきょう》にすごく緊張《きんちょう》しましたが、なんとか勝《か》つことができました。

この2試合《しあい》は、高校《こうこう》3年間《ねんかん》のなかでもっとも緊張《きんちょう》した試合《しあい》だったかもしれません。

そして、決勝《けっしょう》は兵庫《ひょうご》の報徳学園《ほうとくがくえん》。この試合《しあい》は大将戦《たいしょうせん》の前《まえ》で3勝《しょう》し、埼玉栄《さいたまさかえ》の優勝《ゆうしょう》がきまりました。ぼくはインターハイで、個人《こじん》でも団体《だんたい》でも日本一《にほんいち》になることができたのです。

山田監督《やまだかんとく》も監督《かんとく》の奥《おく》さんもすごくよろこんでくれて、お世話《せわ》になった2人《ふたり》の笑顔《えがお》がなによりうれしかったです。ぼくも胴上《どうあ》げされましたが、監督《かんとく》を胴上《どうあ》げできたことが高校生活《こうこうせいかつ》での最高《さいこう》の思《おも》い出《で》になっています。

進《すす》むべき道《みち》は

インターハイで高校横綱《こうこうよこづな》になり、つづく8月《がつ》の「十和田大会《とわだたいかい》」、9月《がつ》の「宇佐大会《うさたいかい》」も個人戦《こじんせん》で優勝《ゆうしょう》しました。

このころ、ぼくは卒業後《そつぎょうご》の進路《しんろ》で大《おお》きななやみをかかえていました。

小学生《しょうがくせい》のころからずっとすもうはやっていましたが、それまでプロの大相撲《おおずもう》へ入門《にゅうもん》するという考《かんが》えはまったくありませんでした。しかし、高校《こうこう》3年生《ねんせい》になったころから、心《こころ》のなかで「プロへ行《い》きたい」という気持《きも》ちが自然《しぜん》とでてきたのです。

「プロでもある程度《ていど》は通用《つうよう》するんじゃないかな」

自分《じぶん》の力《ちから》を冷静《れいせい》に見《み》つめると、そんな気《き》がしました。

「だったら大学《だいがく》に進《すす》んでからプロへ行《い》くよりも、高校《こうこう》を卒業《そつぎょう》してから入《はい》るほうがいいのではないだろうか？　大学《だいがく》の４年間《ねんかん》があれば、プロでもある程度《ていど》のところまで行《い》けるかもしれない」

そうだとすると、大学《だいがく》の４年間《ねんかん》がもったいないと考《かんが》えるようになりました。

ただ、山田監督《やまだかんとく》に相談《そうだん》することはできませんでした。

監督《かんとく》は大学相撲《だいがくずもう》の名門《めいもん》、日本大学《にほんだいがく》の出身《しゅっしん》です。高校横綱《こうこうよこづな》になったぼくが日大《にちだい》に進学《しんがく》することは、栄高校《さかえこうこう》のためにもなるし、監督《かんとく》への恩返《おんがえ》しにもなります。

大学《だいがく》へは行《い》かなければいけない。だけど、行《い》ったとしてなんのためにその４年間《ねんかん》をすごすのだろう。自分《じぶん》はプロへ行《い》きたい。だれにも本当《ほんとう》の気持《きも》ちを打《う》ち明《あ》けられない日々《ひび》がつづき、体《からだ》にじんましんができるほどなやみました。

そんなぼくの心《こころ》のなかに気《き》づいたのは、山田監督《やまだかんとく》でした。

「豪太郎《ごうたろう》、おまえ、本当《ほんとう》はプロに行《い》きたいんじゃないのか。オレに遠慮《えんりょ》するな。本当《ほんとう》の気《き》持《も》ちを言《い》ってみろ」

山田先生《やまだせんせい》と、世界《せかい》ジュニア相撲選手権大会《すもうせんしゅけんたいかい》で。この大会《たいかい》も優勝《ゆうしょう》した。

先生《せんせい》のその一言《ひとこと》で、心《こころ》のなかにしまっていた本心《ほんしん》を伝《つた》えました。

「プロへ行《い》きたいです」

ぼくを日大《にちだい》へ進《すす》ませることを考《かんが》えていた監督《かんとく》です。とつぜん、プロへ行《い》きたいと言《い》ったら怒《おこ》られると思《おも》っていました。

ところが、監督《かんとく》の反応《はんのう》はちがっていました。

「わかった。あとは、オレにまかせろ。もうなにも言《い》うな」

プロへ行《い》くことを反対《はんたい》するどころか、ぼくの気持《きも》ちをくんで認《みと》めてくれたのです。このときのことは、いまでも感謝《かんしゃ》しても感謝《かんしゃ》しきれません。監督《かんとく》があのとき、プロへ行《い》くことを反対《はんたい》していたら、その後《ご》のぼくのすもう人生《じんせい》はまったくちがったものになっていたでしょう。

いま、大相撲《おおずもう》で活躍《かつやく》できているのも、監督《かんとく》のおかげだと思《おも》っています。

境川親方《さかいがわおやかた》との出会《であ》い

プロの大相撲《おおずもう》では、すべての力士《りきし》は「相撲部屋《すもうべや》」に所属《しょぞく》します。入門《にゅうもん》するときは、自分《じぶん》で入《はい》りたい部屋《へや》を選《えら》んで、部屋《へや》を持《も》つ師匠《ししょう》にお願《ねが》いをして入《はい》ることになります。

でも、ぼくはどこの部屋《へや》がいいとか悪《わる》いとかの知識《ちしき》はなかったので、山田監督《やまだかんとく》にすべてまかせることにしました。

10月《がつ》の国体《こくたい》を前《まえ》にしたある日《ひ》でした。

監督《かんとく》から「1回《かい》、境川部屋《さかいがわべや》へ行《い》こうか」とけいこにさそわれました。正直《しょうじき》に言《い》うと、境《さかい》川部屋《がわべや》と聞《き》いても、どんな部屋《へや》なのかまったく知《し》りません。監督《かんとく》につれられ、東京《とうきょう》の足立《あだち》区《く》にある境川部屋《さかいがわべや》へけいこに行《い》きました。

部屋《へや》の師匠《ししょう》は、監督《かんとく》の日大時代《にちだいじだい》の先輩《せんぱい》で元小結《もとこむすび》・両国《りょうごく》の境川親方《さかいがわおやかた》です。初《はじ》めて対面《たいめん》した師匠《ししょう》はいかつくて、けいこ場《ば》に入《はい》るとピーンと緊張感《きんちょうかん》がはりつめていました。けいこでは幕下力士《まくしたりきし》とすもうを取《と》りました。高校生《こうこうせい》にはないすごい圧力《あつりょく》で「プロはさすがに強《つよ》い」と肌《はだ》で感《かん》じました。師匠《ししょう》の弟子《でし》への指導《しどう》はきびしかったです。でも「強《つよ》くなるためにはきびしくなければダメだ」と高校《こうこう》で身《み》をもって実感《じっかん》していたぼくは、「いい師匠《ししょう》、いい部屋《へや》だな」と思《おも》いました。

けいこを終《お》えて、境川親方《さかいがわおやかた》とお話《はなし》をしましたが、部屋《へや》へ勧誘《かんゆう》されることはなかったです。部屋《へや》から高校《こうこう》へもどる電車《でんしゃ》のなかで山田監督《やまだかんとく》に聞《き》かれました。

「境川部屋《さかいがわべや》どうだ？」

ぼくはすぐに答《こた》えました。

「境川部屋《さかいがわべや》へ行《い》きます。よろしくお願《ねが》いします」

初《はじ》めて行《い》った部屋《へや》ですぐにきめたことに監督《かんとく》はおどろいたそうです。ただ、ぼくのなかでは、部屋《へや》の雰囲気《ふんいき》がすごく良《よ》かったことと、プロへ行《い》くことをきめるまでになやんでいたので、どの部屋《へや》に入《はい》るかでまたなやむことはもうイヤだと思《おも》っていました。

そもそもプロに行《い》くことが自分《じぶん》のわがままだし、入《はい》る部屋《へや》でなやんでまた先生《せんせい》にご迷惑《めいわく》をかけることはしたくないと思《おも》っていました。先生《せんせい》が最初《さいしょ》につれていってくれた部屋《へや》は「運命《うんめい》」なので、そこでスパっときめようと思《おも》っていたのです。

アマチュア日本一《にほんいち》への挑戦《ちょうせん》

進路《しんろ》をきめたぼくは、高校最後《こうこうさいご》の大会《たいかい》へむけて充実《じゅうじつ》した日々《ひび》にもどりました。秋《あき》の国体《こくたい》で個人戦《こじんせん》と団体戦《だんたいせん》で優勝《ゆうしょう》しました。

そしてむかえた12月《がつ》にアマチュア相撲日本一《ずもうにほんいち》をきめる「全日本相撲選手権大会《ぜんにほんすもうせんしゅけんたいかい》」に出場《しゅつじょう》しました。この大会《たいかい》は、アマチュア相撲《ずもう》の選手《せんしゅ》の大会《たいかい》で、大学生《だいがくせい》や社会人《しゃかいじん》が戦《たたか》って日本一《にほんいち》を競《きそ》います。ぼくも高校横綱《こうこうよこづな》として、大会《たいかい》への出場《しゅつじょう》がきまっていました。

大会前《たいかいまえ》、ぼくはすもうの専門雑誌《せんもんざっし》などから「優勝候補《ゆうしょうこうほ》」と報《ほう》じられていました。雑誌《ざっし》で注目《ちゅうもく》されたことでいい意味《いみ》でやる気《き》が高《たか》まりました。アマチュアの選手《せんしゅ》にとって、雑誌《ざっし》や新聞《しんぶん》に名前《なまえ》がのることはすごくうれしいものなんです。

もし高校生《こうこうせい》でこの大会《たいかい》に優勝《ゆうしょう》し「アマチュア横綱《よこづな》」になれば、1983年《ねん》の久嶋啓太《くしまけいた》さん（元幕内《もとまくうち》・久島海《くしまうみ》。元田子ノ浦親方《もとたごのうらおやかた》）以来《いらい》の、21年《ねん》ぶり2人目《ふたりめ》の快挙《かいきょ》です。大会前《たいかいまえ》に日《にち》大《だい》へ出《で》げいこに行《い》ったときも大学生《だいがくせい》相手《あいて》に負《ま》けなかったので、自分《じぶん》のなかでは「優勝《ゆうしょう》ねらえるんじゃないか」という自信《じしん》がありました。

大会当日《たいかいとうじつ》、山田監督《やまだかんとく》からは「自信持《じしんも》っていけ」と背中《せなか》を押《お》されました。言葉《ことば》にこたえるように順調《じゅんちょう》に勝《か》ち進《すす》み、あと2勝《しょう》で優勝《ゆうしょう》というところまできました。

準決勝《じゅんけっしょう》の対戦相手《たいせんあいて》は、実業団《じつぎょうだん》の日本通運《にっぽんつううん》の栂木崇行《とがのきたかゆき》さんでした。日本通運《にっぽんつううん》は埼玉県《さいたまけん》のチームなので栂木《とがのき》さんともいっしょにけいこしたことがあり、そのときはぼくが圧倒《あっとう》していて実力《じつりょく》はそこまでない選手《せんしゅ》だと思《おも》っていたのですが――。本番《ほんばん》の試合《しあい》での栂木《とがのき》さんはまったくちがっていました。勝《か》つ気満々《きまんまん》でいどんだのですが、けいこのときには一度《ど》も見《み》せなかった小手投《こてな》げの威力《いりょく》にたえきれず、敗《やぶ》れました。

栂木《とがのき》さんはそのまま決勝戦《けっしょうせん》も勝《か》ち、アマチュア横綱《よこづな》にかがやきました。ぼくは、3位《い》に終《お》わりました。いまでも、あのときの試合《しあい》を思《おも》いだすと「勝《か》てたなぁ」とくやしい思《おも》いがよみがえってきます。「下手投《したてな》げでいっていたら」とか、「もっと前褌《まえみつ》だけねらっていれば」とか、そんなことを考《かんが》えることもあります。栂木《とがのき》さんのベテランの技《わざ》に負《ま》け、21年《ねん》ぶりの高校生《こうこうせい》でのアマチュア横綱《よこづな》を逃《のが》したところで、ぼくの高校相撲《こうこうずもう》は終《お》わりました。

それでも、終《お》わってみれば高校《こうこう》3年間《ねんかん》で11個《こ》の個人《こじん》タイトルを獲得《かくとく》していました。団体《だんたい》戦《せん》での優勝《ゆうしょう》も成《な》しとげました。

中学校時代《ちゅうがっこうじだい》のなまけた生活《せいかつ》に別《わか》れを告《つ》げて、すもう一本《いっぽん》で勝負《しょうぶ》すると覚悟《かくご》を固《かた》めてがんばった3年間《ねんかん》。山田監督《やまだかんとく》の指導《しどう》と相撲部《すもうぶ》の仲間《なかま》、ライバルたちと出会《であ》うことで、生活《せいかつ》のすべてをすもうにささげた充実《じゅうじつ》した日々《ひび》でした。なにかに集中《しゅうちゅう》することの大切《たいせつ》さを学《まな》んだ高《こう》校時代《こうじだい》でした。

全日本《ぜんにほん》が終《お》わり、境川親方《さかいがわおやかた》がぼくの実家《じっか》にあいさつにきて、正式《せいしき》に境川部屋《さかいがわべや》への入門《にゅうもん》がきまりました。年《とし》が変《か》わった2005年《ねん》。境川部屋《さかいがわべや》へ入門《にゅうもん》し大相撲《おおずもう》の力士《りきし》としての生活《せいかつ》がスタートしました。

入門《にゅうもん》が決《き》まって、国技館《こくぎかん》で相撲部《すもうぶ》の仲間《なかま》たちと。

「言葉《ことば》でなく態度《たいど》で見《み》せる。師匠《ししょう》の私《わたし》から見《み》ても男《おとこ》らしい人間《にんげん》だと思《おも》います」

境川部屋《さかいがわべや》　境川豪章親方《さかいがわひであきおやかた》

豪栄道《ごうえいどう》とは、不思議《ふしぎ》な縁《えん》を感《かん》じています。

２００３年《ねん》、いまの境川部屋《さかいがわべや》に部屋名《へやめい》を変《か》えたとき、姓名判断《せいめいはんだん》で名前《なまえ》を占《うらな》ってもらったんです。そのとき「これから『豪《ごう》』という字《じ》がつく人《ひと》に縁《えん》があります。何年《なんねん》かあとに『豪《ごう》』という字《じ》がついた人《ひと》と出会《であ》います」と言《い》われました。

それから１年《ねん》ちょっとたって、澤井豪太郎《さわいごうたろう》が部屋《へや》にけいこにきました。

当時《とうじ》、私《わたし》の部屋《へや》は力士《りきし》も少《すく》なく、幕内力士《まくうちりきし》も岩木山《いわきやま》だけで、高校横綱《こうこうよこづな》が入門《にゅうもん》するなんてありえないだろうと思《おも》っていました。しかし、埼玉栄高校《さいたまさかえこうこう》の山田監督《やまだかんとく》を通《つう》じて入門《にゅうもん》する意思《いし》を伝《つた》えられ、おどろきました。同時《どうじ》にあのとき姓名判断《せいめいはんだん》の先生《せんせい》が言《い》っていた「豪《ごう》」の字《じ》がつく人間《にんげん》の話《はなし》は、このことだったのかと思《おも》いました。

豪栄道《ごうえいどう》はとにかく、黙々《もくもく》とやる男《おとこ》です。

けいこは、もちろんですが、入門当初《にゅうもんとうしょ》の雑用《ざつよう》も泣《な》きごとを言《い》わずにやっていました。ケガをしてつらいときも、これまでたくさんあったと思《おも》いますが、いっさい、痛《いた》いとか言《い》ったことはありません。言葉《ことば》でなく態度《たいど》で見《み》せる。師匠《ししょう》の私《わたし》から見《み》ても男《おとこ》らしい人間《にんげん》だと思《おも》います。

2016年《ねん》、秋場所《あきばしょ》で優勝《ゆうしょう》したときも「おかげさまで」とそれだけでした。私《わたし》も「よくやった」とだけしか言《い》いませんでした。その言葉《ことば》とその瞬間《しゅんかん》の表情《ひょうじょう》で、豪栄道《ごうえいどう》の思《おも》いは十分《じゅうぶん》に伝《つた》わってきました。プロである以上《いじょう》は、結果《けっか》がすべてですから、言葉《ことば》でどうこう言《い》っても通用《つうよう》しません。多《おお》くのケガを乗《の》りこえて優勝《ゆうしょう》という結果《けっか》をだしてくれたことは、私《わたし》への恩返《おんがえ》しだと本人《ほんにん》も思《おも》っていましたし、私《わたし》もそれはわかっていました。ですから、短《みじか》い言葉《ことば》で思《おも》いは通《つう》じたのです。

言葉《ことば》ではなく態度《たいど》で見《み》せることは、私生活《しせいかつ》でもそうです。

私《わたし》の息子《むすこ》が就職《しゅうしょく》したときは、だれにも言《い》わず、息子《むすこ》に就職祝《しゅうしょくいわ》いを送《おく》ってくれました。あとから息子《むすこ》から聞《き》かされて「ありがとう」と言《い》うと「気《き》にしないでください」と照《て》れながら笑《わら》っていました。見《み》た目《め》は、愛想《あいそ》がないように見《み》えるかもわかりませんが、実《じつ》は、そういう細《こま》かい気《き》づかいができる男《おとこ》でもあります。

若《わか》い力士《りきし》の面倒《めんどう》もよくみてくれますし、けいこに打《う》ちこむ姿《すがた》は、部屋《へや》の力士《りきし》の模範《もはん》でもあります。大関《おおぜき》となり優勝《ゆうしょう》もして夢《ゆめ》をかなえました。しかし、まだ横綱《よこづな》という上《うえ》があります。

師匠《ししょう》として、これからもいっしょに同《おな》じ夢《ゆめ》にむかっていきたいと思《おも》っています。

大相撲《おおずもう》まめ知識《ちしき》

どすこいトリビア③ 生活《せいかつ》

プロのおすもうさんは、ふだんどんな生活《せいかつ》をしているんだろうか？ 実《じつ》は1年《ねん》を通《とお》してとてもいそがしいスケジュールなんだ。ここではどんな暮《く》らしをしているか紹介《しょうかい》するよ。

【力士《りきし》の1年間《ねんかん》】

大相撲《おおずもう》で一番大事《いちばんだいじ》なイベントは、年《ねん》に6回《かい》おこなわれる**「本場所《ほんばしょ》」**だ。基本的《きほんてき》に、奇数《きすう》月《づき》に東京《とうきょう》と地方《ちほう》で交互《こうご》に開催《かいさい》される。その月《つき》の第《だい》2日曜日《にちようび》が**「初日《しょにち》」**で、第《だい》4日曜日《にちようび》が最《さい》終日《しゅうび》の**「千秋楽《せんしゅうらく》」**。**この15日間《にちかん》の取組《とりくみ》の成績《せいせき》しだいで、力士《りきし》の順位《じゅんい》をあらわす「番付《ばんづけ》」が変《か》わるので**、みんな必死《ひっし》で勝《か》ちをねらってくる。

本場所《ほんばしょ》がないあいだには、「巡業《じゅんぎょう》」といって地方《ちほう》ですもうのイベントをおこなう。春夏《しゅんか》秋冬《しゅうとう》、北海道《ほっかいどう》から沖縄《おきなわ》まで、**日本全国《にほんぜんこく》を飛《と》びまわってすもうを取《と》っているんだ。**

まさにおおいそがしの力士《りきし》たち。相撲部屋《すもうべや》はほとんど東京《とうきょう》にあるけれど、帰《かえ》ってくるのは1年《ねん》の半分《はんぶん》だけなんだって。

本場所《ほんばしょ》スケジュール

1月《がつ》	初場所《はつばしょ》（両国国技館《りょうごくこくぎかん》）
3月《がつ》	春場所《はるばしょ》・大阪場所《おおさかばしょ》（大阪府立体育会館《おおさかふりつたいいくかいかん》）
5月《がつ》	夏場所《なつばしょ》（両国国技館《りょうごくこくぎかん》）
7月《がつ》	名古屋場所《なごやばしょ》（愛知県体育館《あいちけんたいいくかん》）
9月《がつ》	秋場所《あきばしょ》（両国国技館《りょうごくこくぎかん》）
11月《がつ》	九州場所《きゅうしゅうばしょ》（福岡国際《ふくおかこくさい》センター）

【力士《りきし》の一日《いちにち》】

相撲部屋《すもうべや》にもどっているあいだも力士《りきし》はいそがしい。つぎの本場所《ほんばしょ》にむけてけいこを積《つ》んで、強《つよ》い体《からだ》をつくる必要《ひつよう》があるからだ。力士《りきし》の一日《いちにち》はこんな感《かん》じ。

5時	8時
起床、けいこ	関取のけいこ
番付《ばんづけ》が下《した》のほうの力士《りきし》は、朝《あさ》の5時《じ》には起《お》きる。そして、朝《あさ》ごはんは食《た》べずに、すぐに土俵《どひょう》にむかってけいこをはじめる。	この時間《じかん》には上位《じょうい》の力士《りきし》のけいこがはじまる。下位《かい》の力士《りきし》は先輩《せんぱい》のけいこに参加《さんか》したり、ちゃんこ（食事《しょくじ》）の準備《じゅんび》をしたりする。

11時	14時	16時	18時	22時
風呂・昼ちゃんこ	昼寝	掃除や洗濯	夜ちゃんこ・自由時間	消灯
まずは風呂《ふろ》でたっぷりかいた汗《あせ》を流《なが》してから、ようやくちゃんこの時間《じかん》だ。ちなみに風呂《ふろ》とちゃんこは、強《つよ》い力士《りきし》が先《さき》になる。	けいこのつかれをとり、しっかり太《ふと》るために、昼寝《ひるね》するのも仕事《しごと》のうちなんだ。	部屋《へや》の雑用《ざつよう》をこなす。	2回目《かいめ》の食事《しょくじ》タイム。ちゃんこの片《かた》づけが終《お》わったら、寝《ね》るまではようやく自由時間《じゆうじかん》だ。この時間《じかん》を使《つか》って自主的《じしゅてき》にトレーニングをする力士《りきし》も多《おお》い。	夜《よる》はみんなつかれてぐっすり。大《おお》部屋《べや》にははやい時間《じかん》からいびきがひびきわたっている。

【ちゃんこ】

おすもうさんは食《た》べるのも仕事《しごと》のひとつ。とくに体《からだ》ができあがっていない若《わか》い力士《りきし》は、とにかくよく食《た》べる！　横綱《よこづな》の**稀勢《きせ》の里《さと》は、20歳《さい》くらいのときにはご飯《はん》を1升《しょう》食《た》べていた**らしい。おちゃわん25杯分《はいぶん》、重《おも》さにして約《やく》4キロ！

ところが、体《からだ》ができあがってからは、そんなに食《た》べない力士《りきし》もいる。太《ふと》りすぎはケガのもと。体《からだ》ひとつで戦《たたか》う勝負《しょうぶ》の世界《せかい》、体調管理《たいちょうかんり》はとても大切《たいせつ》なんだ。

ちなみに、「ちゃんこ」と聞《き》くと水炊《みずた》きなどの鍋料理《なべりょうり》を想像《そうぞう》する人《ひと》が多《おお》いと思《おも》う。でも、実《じっ》は**ちゃんことは力士《りきし》がつくった料理《りょうり》のこと。**カレーもパスタもチャーハンも、おすもうさんが料理《りょうり》したものはなんでもちゃんこだ。では、なんで鍋料理《なべりょうり》が有名《ゆうめい》かというと、**肉《にく》・魚《さかな》・野菜《やさい》をバランス良《よ》くたくさん食《た》べられる**から。とくにトリ肉《にく》はよく使《つか》われる。鳥《とり》は二《に》本足《ほんあし》で立《た》っているから、すもうの勝《か》ちにつながり、えんぎがいいとされているんだ。

【相撲部屋《すもうべや》】

力士《りきし》はそれぞれ「相撲部屋《すもうべや》」に所属《しょぞく》して、みんなで暮《く》らしている。土俵《どひょう》や大《おお》きな台所《だいどころ》が完備《かんび》されているんだ。**晴《は》れた日《ひ》には、ベランダにまわしが干《ほ》してあったりもするよ。**朝《あさ》のけいこを見学《けんがく》させてくれる相撲部屋《すもうべや》も多《おお》いから、機会《きかい》があったら行《い》ってみよう！

④どすこい大《おお》相《ず》撲《もう》編《へん》

夢《ゆめ》の大相撲《おおずもう》の世界《せかい》へ

「強《つよ》くなるしかない」

それだけをちかって、高校《こうこう》3年生《ねんせい》の1月《がつ》についに境川部屋《さかいがわべや》の門《もん》をくぐりました。

「プロに入《はい》るなら、なるべくはやく行《い》ったほうがいい。休《やす》んでいる時間《じかん》がもったいない」

そんな山田監督《やまだかんとく》の考《かんが》えから、高校《こうこう》を卒業《そつぎょう》する3月《がつ》を待《ま》たずに入門《にゅうもん》したのです。

当時《とうじ》の境川部屋《さかいがわべや》は、幕内力士《まくうちりきし》が岩木山関《いわきやまぜき》（現《げん》・関ノ戸親方《せきのとおやかた》）という関取《せきとり》ひとりだけで、全体《ぜんたい》の人数《にんずう》も10人《にん》くらいの小《ちい》さな部屋《へや》でした。ただ、関取《せきとり》をめざす幕下以下《まくしたいか》の力士《りきし》ばかりだったので、全員《ぜんいん》がライバルという感《かん》じで毎日《まいにち》のけいこははげしく緊張感《きんちょうかん》がみなぎっていました。

大相撲《おおずもう》は、番付《ばんづけ》によってあらゆる待遇《たいぐう》がちがいます。番付《ばんづけ》とは力士《りきし》の階級《かいきゅう》をあらわすもので、下《した》から、序ノ口《じょのくち》、序二段《じょにだん》、三段目《さんだんめ》、幕下《まくした》、十両《じゅうりょう》、幕内《まくうち》となります。幕内《まくうち》に上《あ》がれば、前頭《まえがしら》から、小結《こむすび》、関脇《せきわけ》、大関《おおぜき》、そして最高位《さいこうい》の横綱《よこづな》と階級《かいきゅう》が上《あ》がっていきます。

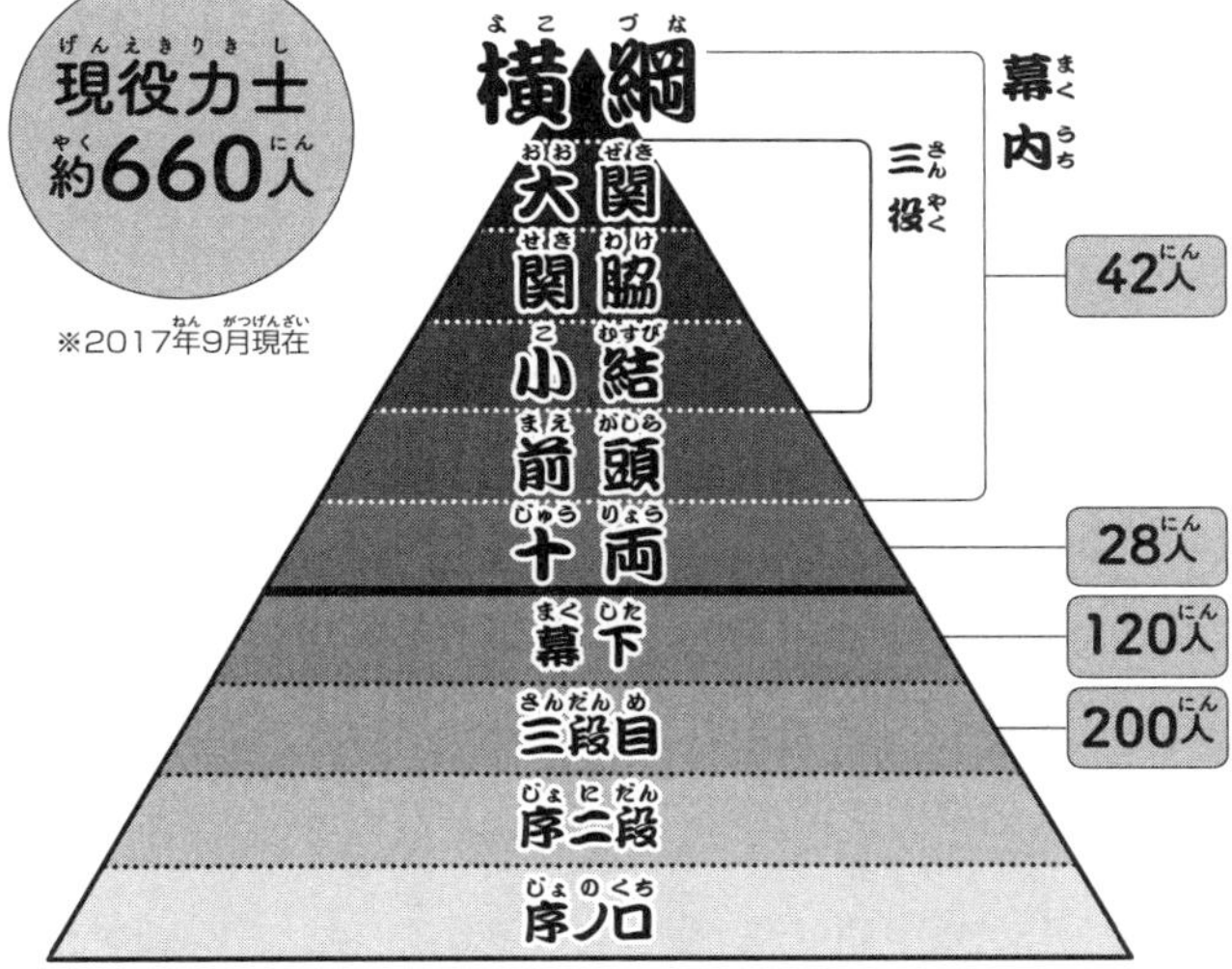

番付《ばんづけ》は、横綱《よこづな》を頂点《ちょうてん》としたピラミッド型《がた》になっている。

本場所《ほんばしょ》という試合《しあい》は、1年《ねん》に6回《かい》。1月《がつ》、5月《がつ》、9月《がつ》は東京《とうきょう》で、3月《がつ》は大阪《おおさか》、7月《がつ》は名古屋《なごや》、11月《がつ》は福岡《ふくおか》でおこなわれます。番付《ばんづけ》を上《あ》げるには、この6場所《ばしょ》ある本場《ほんば》所《しょ》で勝《か》ち越《こ》していかなければいけません。逆《ぎゃく》に勝《か》ちよりも負《ま》けが多《おお》くなる負《ま》け越《こ》しになれば、番付《ばんづけ》は下《さ》がります。

番付《ばんづけ》での大《おお》きな境目《さかいめ》は、十両《じゅうりょう》です。十両《じゅうりょう》に上《あ》がると「関取《せきとり》」と呼《よ》ばれ、日本相撲協会《にほんすもうきょうかい》から毎月給料《まいつききゅうりょう》がもらえるようになります。関取《せきとり》になってようやく一人前《いちにんまえ》の力士《りきし》ともいえます。

ぼくも入門《にゅうもん》したときには「**2年以内《ねんいない》に十両《じゅうりょう》になる**」と目標《もくひょう》を立《た》てました。

大相撲《おおずもう》は、すべての力士《りきし》が入門《にゅうもん》した師匠《ししょう》の「部屋《へや》」に住《す》み、寝食《しんしょく》をともにしています。部屋《へや》にはけいこ場《ば》と居住《きょじゅう》スペースがあって、力士《りきし》だけではなく師匠《ししょう》の家族《かぞく》もいっしょに住《す》んでいます。師匠《ししょう》はおかみさんと呼《よ》ばれる奥《おく》さんと協力《きょうりょく》して、自分《じぶん》の子供《こども》のように弟子《でし》の面倒《めんどう》をみてくれます。師匠《ししょう》がお父《とう》さんで、おかみさんがお母《かあ》さんのようにして、すもうの指導《しどう》だけでなく生活《せいかつ》のすべてにおいて、弟子《でし》を育《そだ》ててくれるのです。こうした師匠《ししょう》と弟子《でし》のつながりが大相撲《おおずもう》を支《ささ》えています。

生活《せいかつ》の待遇《たいぐう》も、すべて番付順《ばんづけじゅん》できまります。部屋《へや》には、力士《りきし》がひとりで生活《せいかつ》できる「個室《こしつ》」がありますが、ここに入《はい》ることができるのは、十両以上《じゅうりょういじょう》の関取《せきとり》だけ。ほかの力士《りきし》は「大部屋《おおべや》」というひとつの部屋《へや》で全員《ぜんいん》が生活《せいかつ》するのです。

ちゃんこ、風呂《ふろ》などの順番《じゅんばん》もすべて番付順《ばんづけじゅん》。番付《ばんづけ》が上《うえ》の力士《りきし》から先《さき》にごはんを食《た》べることができますし、風呂《ふろ》に入《はい》ることができます。入門《にゅうもん》したばかりのころは、関取《せきとり》の食事中《しょくじちゅう》は給仕《きゅうじ》をします。部屋《へや》によっては、やっと新人《しんじん》の番《ばん》になるとちゃんこ鍋《なべ》にほとんど具《ぐ》が入《はい》っていなくて、スープだけのさみしい食事《しょくじ》のこともあります（境川部屋《さかいがわべや》では、最後《さいご》までちゃんと新人《しんじん》の分《ぶん》のおかずをのこすようにしてくれていました）。

風呂《ふろ》も大勢《おおぜい》の先輩《せんぱい》が入《はい》ったあとなので、よごれてにごったお湯《ゆ》に入《はい》らなくてはいけません。毎日《まいにち》のちゃんこづくり、掃除《そうじ》、洗濯《せんたく》などもすべて番付《ばんづけ》が下《した》の力士《りきし》が担当《たんとう》します。

毎日《まいにち》、できたてのちゃんこを食《た》べたいし、きれいなお風呂《ふろ》にも入《はい》りたい。雑用《ざつよう》からも抜《ぬ》けだしたい。そのためには、強《つよ》くなるしかありません。強《つよ》くなれば、給料《きゅうりょう》ももらえて個室《こしつ》で自由《じゆう》に生活《せいかつ》できます。きびしい世界《せかい》ですが、大切《たいせつ》なのは強《つよ》くなるために自分《じぶん》がいかに努力《どりょく》をするかです。

大相撲《おおずもう》の番付《ばんづけ》というシステムは、弱肉強食《じゃくにくきょうしょく》の世界《せかい》なのです。がんばって結果《けっか》をのこせばいい思《おも》いができるし、結果《けっか》がのこせないと苦《くる》しい思《おも》いがつづく、完全実力社会《かんぜんじつりょくしゃかい》です。

「ぜったいに上《うえ》にいってやるんだ！」

きびしい世界《せかい》のなかで「強《つよ》くなるしかない」という思《おも》いは強《つよ》まる一方《いっぽう》でした。

「ライバル」は宝物《たからもの》

高校時代《こうこうじだい》、高校横綱《こうこうよこづな》になり、11冠《かん》のタイトルをとって大型新人《おおがたしんじん》とさわがれたぼくも、プロになればアマチュア時代《じだい》の実績《じっせき》なんていっさい関係《かんけい》ありません。入門《にゅうもん》すれば一番下《いちばんした》の新《しん》弟子《でし》です。当然《とうぜん》、部屋《へや》では大部屋《おおべや》で生活《せいかつ》し、毎日《まいにち》の雑用《ざつよう》もつとめました。高校《こうこう》で寮生活《りょうせいかつ》を送《おく》り、先輩後輩《せんぱいこうはい》の上下関係《じょうげかんけい》のきびしさを学《まな》んでいましたが、入門《にゅうもん》してからは、心《こころ》が休《やす》まる時間《じかん》はありません。

「この下積《したづ》みから抜《ぬ》けだす方法《ほうほう》はひとつだけ。ただ強《つよ》くなるしかない」

そう毎日《まいにち》、言《い》い聞《き》かせて、けいこを重《かさ》ねていました。

相撲部屋《すもうべや》の一日《いちにち》は朝《あさ》のけいこからはじまります。

毎朝《まいあさ》6時《じ》ぐらいから午前中《ごぜんちゅう》はけいこ。

そのあと、風呂《ふろ》に入《はい》りちゃんこを食《た》べて昼寝《ひるね》の時間《じかん》。

夕方《ゆうがた》にもちゃんこを食《た》べてあとは自由時間《じゆうじかん》で夜《よる》11時《じ》ぐらいに就寝《しゅうしん》。

番付《ばんづけ》が下《した》の力士《りきし》は、空《あ》いている時間《じかん》に雑用《ざつよう》が入《はい》り、自由時間《じゆうじかん》はほとんどありません。それでも、午後《ごご》にトレーニングしたり、自主的《じしゅてき》に時間《じかん》を見《み》つけてけいこしたりするようにします。けいこは、しこ、すり足《あし》などの基礎《きそ》で汗《あせ》を流《なが》してから、申《もう》し合《あ》いをおこないます。当時《とうじ》は、毎日《まいにち》50番《ばん》ぐらいは、すもうを取《と》っていたと思《おも》います。

自由時間《じゆうじかん》も少《すく》なく、きびしい下積《したづ》み生活《せいかつ》。けいこのはげみになったのは、ライバルの存《そん》在《ざい》でした。

山口県出身《やまぐちけんしゅっしん》で門元隆太《かどもとりゅうた》（現《げん》・豊響関《とよひびきぜき》）という2歳上《さいうえ》の力士《りきし》が同時期《どうじき》に入門《にゅうもん》していたのです。毎日《まいにち》、けいこ場《ば》ではおたがいライバル心《しん》をむきだしにしていました。

「負《ま》けるわけにはいかない。門元《かどもと》よりはやく出世《しゅっせ》するんだ」

そういう強《つよ》い気持《きも》ちでけいこにのぞむことができました。小学校《しょうがっこう》、高校時代《こうこうじだい》もそうでしたが、やはり、良《よ》きライバルの存在《そんざい》は自分《じぶん》を高《たか》めてくれます。

境川部屋《さかいがわべや》のけいこは、それぞれが自主的《じしゅてき》にやることを大切《たいせつ》にするやりかたでした。部屋《へや》によっては、しこやすり足《あし》などけいこの一部《ぶ》を全員《ぜんいん》でいっしょにするところもありますが、境川部屋《さかいがわべや》は、各自《かくじ》がそれぞれでおこなっていました。だからこそ、ぼくがけいこで心《こころ》がけていたのは、自分《じぶん》にきびしくなることでした。

これがプロのパワーか……!!

こうした考《かんが》えは、入門《にゅうもん》するとき、師匠《ししょう》の境川親方《さかいがわおやかた》から言《い》われた言葉《ことば》が大《おお》きかったのです。

「プロは、アマチュアとちがって自分《じぶん》にきびしくならないと強《つよ》くならない」

団体戦《だんたいせん》での優勝《ゆうしょう》が最大《さいだい》の目標《もくひょう》となるアマチュアは、自分《じぶん》だけでなくチームメイトもいっしょに強《つよ》くなろうという気持《きも》ちがどこかにあります。しかし、プロはすべてひとりです。勝《か》っても負《ま》けても自分《じぶん》の責任《せきにん》です。もちろん、師匠《ししょう》は指導《しどう》してくれますが、それを生《い》かすも殺《ころ》すも自分次第《じぶんしだい》です。これまでの経験《けいけん》で「自分《じぶん》にきびしくないと、強《つよ》くなられへん」と身《み》にしみて感《かん》じていたので、師匠《ししょう》の言葉《ことば》は「覚悟《かくご》を持《も》ってがんばらないと通用《つうよう》しない」という思《おも》いを強《つよ》くしてくれるものでした。

けいこでは、プロのすごさを肌《はだ》で感《かん》じたこともありました。岩木山関《いわきやまぜき》の胸《むね》を借《か》りてすもうを取《と》ったときです。立《た》ち合《あ》いでいままでに経験《けいけん》したことのない圧力《あつりょく》を感《かん》じ、一気《いっき》に土俵《どひょう》の外《そと》へふっ飛《と》ばされました。

「なんやねん！　このすごいパワーは……」

前《まえ》にでるパワーのすさまじさに幕内力士《まくうちりきし》の高《たか》いレベルを思《おも》い知《し》らされました。

ただ、これもいい勉強《べんきょう》になりました。幕内力士《まくうちりきし》のパワーを肌《はだ》で感《かん》じたことで、「上《うえ》に行《い》くためには前《まえ》にでるパワーを身《み》につけないといけない」と学《まな》ぶことができたのです。毎日《まいにち》の申《もう》し合《あ》いでは、立《た》ち合《あ》いから前《まえ》にでることを意識《いしき》してけいこに取《と》り組《く》むことができました。身近《みぢか》に「教科書《きょうかしょ》」ともいえる関取《せきとり》がいたことは、ぼくにとって幸運《こううん》でした。胸《むね》をだしていただいたことで強《つよ》くなれたと思《おも》っています。

入門《にゅうもん》したからといってすぐにデビューはできません。新弟子《しんでし》検査《けんさ》を受検《じゅけん》し合格《ごうかく》しなければ、力士《りきし》にはなれません。新弟子《しんでし》検査《けんさ》は、年《ねん》6場所《ばしょ》の場所前《ばしょまえ》におこなわれます。内容《ないよう》は体《たい》格検査《かくけんさ》と内臓《ないぞう》検査《けんさ》です。体格検査《たいかくけんさ》は当時《とうじ》の基準《きじゅん》は、身長《しんちょう》173センチ、体重《たいじゅう》75キロ以上《いじょう》でした。ぼくは182センチ、134キロだったので、問題《もんだい》なく合格《ごうかく》。しこ名《な》は師匠《ししょう》と相談《そうだん》して本名《ほんみょう》の「澤井《さわい》」でいくことをきめました。

緊張《きんちょう》のデビュー戦《せん》

プロになって初《はじ》めて両国国技館《りょうごくこくぎかん》の土俵《どひょう》にあがる日《ひ》がやってきました。

1月《がつ》の初場所《はつばしょ》。前相撲《まえずもう》といって、まだ番付《ばんづけ》のない入門《にゅうもん》したての力士《りきし》がすもうをする、いわばプロのデビュー戦《せん》です。

小学《しょうがく》4年《ねん》の「わんぱく相撲《ずもう》」からあがってきた国技館《こくぎかん》の土俵《どひょう》でしたが、アマチュア時代《じだい》とはぜんぜんちがう感覚《かんかく》でした。ほとんど観客《かんきゃく》のいない館内《かんない》、緊張《きんちょう》しながら土俵《どひょう》にあがりました。

初対戦相手《はつたいせんあいて》は、春日山部屋《かすがやまべや》の秀《ひで》の富士《ふじ》でした。緊張《きんちょう》から相手《あいて》のもろ差《ざ》しをゆるしてしまい、ピンチになりました。最後《さいご》は、必死《ひっし》で相手《あいて》をふりほどくようにはたきこんでなんとか勝《か》つことができました。

けっきょく、3日間《かかん》つづけて勝《か》って前相撲《まえずもう》を終《お》え、「一番出世《いちばんしゅっせ》」(新弟子《しんでし》のなかで一番良《いちばんよ》い成績《せいせき》で序ノ口《じょのくち》の番付《ばんづけ》がつくこと)となりましたが、とにかく緊張《きんちょう》した3日間《かかん》でした。

初土俵《はつどひょう》が終《お》わると相撲教習所《すもうきょうしゅうじょ》へ通《かよ》う生活《せいかつ》がはじまります。

相撲教習所《すもうきょうしゅうじょ》は、相撲協会《すもうきょうかい》が力士《りきし》の教育《きょういく》を目的《もくてき》につくったもので、入門《にゅうもん》した力士《りきし》は、6ケ《か》月間《げっかん》、国技館《こくぎかん》の敷地《しきち》のなかにある教習所《きょうしゅうじょ》へ通《かよ》うことが義務《ぎむ》づけられます。

授業《じゅぎょう》では、土俵《どひょう》での実技《じつぎ》と、教室《きょうしつ》ですもうの歴史《れきし》、習字《しゅうじ》、社会学《しゃかいがく》などを学《まな》びます。朝《あさ》7時《じ》にはじまるので、早朝《そうちょう》4時《じ》に起《お》きて、門元《かどもと》と部屋《へや》の最寄《もよ》りの駅《えき》から始発《しはつ》に乗《の》って通《かよ》いま

右《みぎ》から2人目《ふたりめ》、出世披露《しゅっせひろう》の練習中《れんしゅうちゅう》。右《みぎ》は影山君《かげやまくん》、左《ひだり》は門元君《かどもとくん》。

した。通《かよ》いはじめたのは2月《がつ》でした。授《じゅ》業《ぎょう》のスタートは、まわし姿《すがた》で国技館《こくぎかん》のまわりをランニングするんですが、めちゃくちゃ寒《さむ》くて、ある意味《いみ》、けいこよりきびしかったことを覚《おぼ》えています。

教習所《きょうしゅうじょ》では、同《おな》じ初場所《はつばしょ》で初土俵《はつどひょう》を踏《ふ》んだすべての力士《りきし》とけいこし勉強《べんきょう》します。

そのなかには高校時代《こうこうじだい》のライバル、影《かげ》山君《やまくん》もいました。彼《かれ》は、明徳義塾高校《めいとくぎじゅくこうこう》から春日野部屋《かすがのべや》に入門《にゅうもん》し、本名《ほんみょう》の「影山《かげやま》」でデビューしていました。教習所《きょうしゅうじょ》では、ふつうに会話《かいわ》もしていましたが、高校時《こうこうじ》代《だい》と同《おな》じようにライバルとして意識《いしき》しました。

「影山《かげやま》には負《ま》けられない」

つづく3月《がつ》の春場所《はるばしょ》。

初《はじ》めて番付表《ばんづけひょう》に名前《なまえ》がのり、序ノ口《じょのくち》デビューをむかえました。番付表《ばんづけひょう》は、地位《ちい》によって字《じ》の大《おお》きさがまったくちがいます。一番上《いちばんうえ》の段《だん》で大《おお》きく書《か》かれている横綱《よこづな》にくらべると、序ノ口力士《じょのくちりきし》はあまりに細《こま》かくて、虫眼鏡《むしめがね》で見《み》ないと字《じ》が確認《かくにん》できないほどです。ほんとにアリよりも小《ちい》さかった……(笑《わらい》)。

それでも「澤井豪太郎《さわいごうたろう》」のしこ名《な》が番付《ばんづけ》にのったことで力士《りきし》になった実感《じっかん》がいちだんとわいてきました。

春場所《はるばしょ》は、ふるさとの大阪《おおさか》でおこなわれます。デビューの場所《ばしょ》が地元《じもと》なので、気合《きあ》いはさらに入《はい》りました。大相撲《おおずもう》は1場所《ばしょ》15日制《にちせい》ですが、15日間《にちかん》すべてすもうを取《と》るのは、十両《じゅうりょう》からです。幕下以下《まくしたいか》は、1場所七番《ばしょばん》だけしか取《と》りません。ぼくのデビュー戦《せん》となる一番相撲《ばんずもう》は、2日目《かめ》に組《く》まれました。

対戦相手《たいせんあいて》は、なんと高校時代《こうこうじだい》のライバル・影山《かげやま》。

小学生《しょうがくせい》のときから対決《たいけつ》してきて、中学《ちゅうがく》では彼《かれ》が中学横綱《ちゅうがくよこづな》にかがやき、高校《こうこう》ではぼくが高《こう》校横綱《こうよこづな》、そしてプロへの入門《にゅうもん》も同《おな》じ時期《じき》のライバルがデビューの相手《あいて》になるとは、なにか不思議《ふしぎ》な縁《えん》を感《かん》じました。

高校時代《こうこうじだい》、トーナメントで影山《かげやま》とあたると「ここで勝《か》てば優勝《ゆうしょう》できる」と思《おも》っていたぼくはこのときも気合《きあ》いをいれて、土俵《どひょう》にあがりました。結果《けっか》は下手投《したてな》げで勝《か》つことができました。実《じつ》はこのときは風邪《かぜ》をひいていて、高熱《こうねつ》もあって最悪《さいあく》の体調《たいちょう》だったのですが、ライバルをたおしたことで勢《いきお》いに乗《の》り、のこる六番《ばん》をすべて勝《か》って、7戦全勝《せんぜんしょう》で優勝《ゆうしょう》することができました。

少《すこ》しずつ一人前《いちにんまえ》の力士《りきし》へ

そして、5月《がつ》の夏場所《なつばしょ》。

序二段《じょにだん》に番付《ばんづけ》を上《あ》げたこの場所《ばしょ》は、最後《さいご》の七番相撲《ばんずもう》で初《はじ》めて負《ま》けて優勝《ゆうしょう》は逃《のが》しましたが、影山《かげやま》には2場所連続《ばしょれんぞく》で勝《か》ちました。

このとき影山《かげやま》は、ぼくに連敗《れんぱい》してくやしさのあまり号泣《ごうきゅう》したそうです。

それほど強《つよ》く影山《かげやま》もぼくのことを意識《いしき》していたと知《し》って、ますます「ぜったいにライバルに負《ま》けたくない。強《つよ》くならないといけない」という気持《きも》ちが強《つよ》まりました。

初土俵《はつどひょう》から1場所《ばしょ》ごとに番付《ばんづけ》を上《あ》げていき、順調《じゅんちょう》に出世《しゅっせ》していきました。幕下《まくした》に上《あ》がって11月《がつ》の九州場所《きゅうしゅうばしょ》では7戦全勝《せんぜんしょう》で優勝《ゆうしょう》。そのつぎも順調《じゅんちょう》に勝《か》ちつづけ、一気《いっき》に西幕下《にしまくした》2枚目《まいめ》まで上《あ》がり、勝《か》ち越《こ》せば十両《じゅうりょう》に手《て》が届《とど》く地位《ちい》になりました。この九州場所《きゅうしゅうばしょ》では、力士《りきし》になったよろこびを感《かん》じるできごとがありました。

場所前《ばしょまえ》に、ちょんまげを結《ゆ》うことができたのです。

力士《りきし》のシンボルといえるちょんまげは、髪《かみ》の毛《け》が長《なが》くならないと、結《ゆ》うことができません。それまでは、長《なが》い髪《かみ》の毛《け》のままの「ザンバラ」と呼《よ》ばれる髪形《かみがた》でした。ぼくが勝《か》つと相手《あいて》は「ザンバラに負《ま》けやがって」と言《い》われ、ザンバラは力士《りきし》として一人前《いちにんまえ》ではないような言《い》いかたをされていました。

なので、初《はじ》めてまげを結《ゆ》ったときは本当《ほんとう》にうれしかったです。

「これでやっと本物《ほんもの》のおすもうさんになれた」

まげを結《ゆ》ったり、帯《おび》を巻《ま》いたり、身《み》なりがととのって、力士《りきし》としての実感《じっかん》が目《め》に見《み》えて感《かん》じられたことはとてもうれしいことでした。番付《ばんづけ》が上《あ》がって、待遇《たいぐう》が良《よ》くなればなるほ

名古屋《なごや》の宿舎《しゅくしゃ》で母《はは》と。まだ髪《かみ》の毛《け》はざんばらだった。

ど、「もっとがんばって、まずはぜったいに十両《じゅうりょう》になるぞ」と気持《きも》ちを新《あら》たにしました。

入門《にゅうもん》したときの目標《もくひょう》は「2年《ねん》以内《いない》に十両《じゅうりょう》になること」でした。

しかし、入門《にゅうもん》してから連戦連勝《れんせんれんしょう》で一気《いっき》に幕下《まくした》2枚目《まいめ》までかけあがりました。そして初土俵《はつどひょう》から1年《ねん》のうちに、目標《もくひょう》の「十両《じゅうりょう》になること」ができるかもしれないところまできたのです。

「一気《いっき》に十両《じゅうりょう》に上《あ》がるぞ」と気合《きあ》いをこめてのぞんだ、2年目《ねんめ》の初場所《はつばしょ》。

一番《ばん》相撲《ずもう》で負《ま》け。

二番相撲《ばんずもう》でも負《ま》け（このときの相手《あいて》はいまの横綱《よこづな》・鶴竜関《かくりゅうぜき》でした）。

プロになって初《はじ》めての連敗《れんぱい》を経験《けいけん》し、そのまま負《ま》け越《こ》してしまいました。そして、初《はじ》めて番付《ばんづけ》が下《さ》がることになりました。


食《た》べても食《た》べてもやせていく!?


つぎの3月《がつ》の春場所《はるばしょ》。

負《ま》ければ落《お》ちるプロのきびしさを味《あじ》わい、気合《きあ》いは十分《じゅうぶん》。まだ大《おお》きく勝《か》ち越《こ》せば十両《じゅうりょう》に上《あ》がることができる番付《ばんづけ》だったので、「3月《がつ》の春場所《はるばしょ》は地元《じもと》の大阪《おおさか》やし、ここで十両昇進《じゅうりょうしょうしん》をきめたるぞ」と闘志《とうし》を高《たか》めていどみました。しかし、またしても3勝《しょう》4敗《ぱい》で負《ま》け越《こ》し。

2場所連続《ばしょれんぞく》の負《ま》け越《こ》しは、かなり落《お》ちこみました。

「**あたっても相手《あいて》に圧力《あつりょく》が伝《つた》わらない**」

プロになって初《はじ》めてぶつかる壁《かべ》です（これがプロの壁《かべ》か……）。

幕下《まくした》までは順調《じゅんちょう》に出世《しゅっせ》しましたが、十両《じゅうりょう》のレベルで通用《つうよう》する体《からだ》ができていませんでした。

体重《たいじゅう》も入門《にゅうもん》したときは138キロでしたが、毎日《まいにち》のはげしいけいこで1年間《ねんかん》で125キロまで減《へ》っていました。毎日《まいにち》のちゃんこでは、ご飯《はん》をどんぶりで5〜6杯《ぱい》、ちゃんこも5杯《はい》はかならず食《た》べていましたが、それでも太《ふと》りませんでした。

（どんぶりでご飯《はん》5〜6杯《ぱい》食《た》べてるのにやせるってすごくない？）

このままじゃダメだ。そこで、体重《たいじゅう》を増《ふ》やすために「**ちゃんこデリシャス計画《けいかく》**」を考《かんが》えました。この計画《けいかく》はいたってかんたんです。とにかく、ちゃんこをおいしく食《た》べるように工夫《くふう》することです。

相撲部屋《すもうべや》の生活《せいかつ》で一番《いちばん》の楽《たの》しみは、ちゃんこです。それなのに、無理《むり》して多《おお》く食《た》べると気持《きも》ちは沈《しず》んで、ストレスになり、ぼくの場合《ばあい》は太《ふと》ることはできませんでした。そこで、自分《じぶん》のペースで、自分《じぶん》の好《この》みの味《あじ》つけで、おいしく食事《しょくじ》を食《た》べることを心《こころ》がけ、じょじょに体重《たいじゅう》は増《ふ》えていきました。

もうひとつ、刺激《しげき》になったのは、やはり、因縁《いんねん》のライバル・影山《かげやま》の存在《そんざい》でした。

ぼくが負《ま》け越《こ》して足踏《あしぶ》みをしていたとき、負《ま》け越《こ》すことなく着実《ちゃくじつ》に勝《か》ち越《こ》しを重《かさ》ね、7月《がつ》の名古屋場所《なごやばしょ》で新十両昇進《しんじゅうりょうしょうしん》をきめたのです。

高校時代《こうこうじだい》には負《ま》けなかった影山《かげやま》。

プロになって初対戦《はつたいせん》でも負《ま》けなかった影山《かげやま》。

入門前《にゅうもんまえ》からずっと「負《ま》けたくない」と意識《いしき》してきたライバルがぼくを追《お》い抜《ぬ》いて先《さき》に十両《じゅうりょう》に上《あ》がったのです。

影山《かげやま》は、9月《がつ》の秋場所《あきばしょ》で、しこ名《な》も「栃煌山《とちおうざん》」に改《あらた》め、「次代《じだい》の大相撲《おおずもう》のホープ」としてテレビ、新聞《しんぶん》、雑誌《ざっし》でニュースになり、大《おお》きな注目《ちゅうもく》を集《あつ》めていました。

プロでぼくに連敗《れんぱい》してくやしくて泣《な》いた影山《かげやま》は、そのあと、くやしさをバネに毎日毎日《まいにちまいにち》休《やす》まず努力《どりょく》してきたはず。こんどはぼくが、ライバルにやりかえす番《ばん》です。

「1場所《ばしょ》でもはやく影山《かげやま》に追《お》いついたる」

またしても、ライバルの存在《そんざい》がぼくに火《ひ》をつけました（やっぱり、ライバルは宝《たから》です）。影山《かげやま》が十両《じゅうりょう》に昇進《しょうしん》してからは、けいこもさらに死《し》ぬ気《き》になって打《う》ちこみました。「ちゃんこデリシャス計画《けいかく》」の成果《せいか》もあって、体重《たいじゅう》も130キロ近《ちか》くまで増《ふ》え、あとは本番《ほんばん》を待《ま》つばかり——。

あたらしいしこ名《な》を手《て》に、緊張《きんちょう》の面持《おもも》ち。

豪栄道《ごうえいどう》豪太郎《ごうたろう》、誕生《たんじょう》！

むかえた9月《がつ》の秋場所《あきばしょ》。がけっぷちの気持《きも》ちでのぞみ、7戦全勝《せんぜんしょう》で優勝《ゆうしょう》し、待望《たいぼう》の十両昇進《じゅうりょうしょうしん》をきめました。

初土俵《はつどひょう》から11場所目《ばしょめ》、入門《にゅうもん》2年目《ねんめ》で関取《せきとり》の座《ざ》をつかみ、目標《もくひょう》を達成《たっせい》し、とてもうれしかったことを覚《おぼ》えています。十両《じゅうりょう》に上《あ》がるときには、しこ名《な》もそれまでの「澤井《さわい》」から「豪栄道《ごうえいどう》」に変《か》えることになりました。

境川親方《さかいがわおやかた》と山田監督《やまだかんとく》が相談《そうだん》して、「豪《ごう》」は本名《ほんみょう》の豪太郎《ごうたろう》、「栄《えい》」は母校《ぼこう》の埼玉栄《さいたまさかえ》高校《こうこう》、「道《どう》」はお世話《せわ》になった山田道紀《やまだみちのり》監督《かんとく》の名前《なまえ》から、それぞれ一文字《もじ》ずつとって、つけていただいた名前《なまえ》です。まわりには、「なんかヘンな名前《なまえ》やな～」と言《い》う人《ひと》もいました。でも、「強《つよ》くなって番付《ばんづけ》を上《あ》げれば、名前《なまえ》も大《おお》きくなる」と思《おも》っていたので、さらに番付《ばんづけ》を上《あ》げることで生《う》まれたばかりの「豪栄道《ごうえいどう》」というしこ名《な》を大《おお》きくしようと決意《けつい》しました。

十両《じゅうりょう》になると、幕下《まくした》までの待遇《たいぐう》とは、大《おお》きく変《か》わります。

毎月給料《まいつききゅうりょう》をもらえる。

大銀杏《おおいちょう》というきれいなまげが結《ゆ》える。

本場所《ほんばしょ》では色《いろ》のついた絹《きぬ》のまわしを締《し》められる。

けいこでのまわしの色《いろ》も黒《くろ》から白《しろ》に変《か》わる。

部屋《へや》での雑用《ざつよう》はなくなる。

ちゃんこも風呂《ふろ》も先《さき》にとることができる。

住《す》む部屋《へや》も個室《こしつ》で生活《せいかつ》ができる。

付《つ》け人《びと》といって身《み》のまわりの雑用《ざつよう》をこなしてくれる力士《りきし》がついてくれる。

目《め》に見《み》えて待遇《たいぐう》が変《か》わり、うれしかったのですが、どこか不思議《ふしぎ》な感《かん》じもありました。いままでなら掃除《そうじ》をしていなければいけない時間《じかん》に部屋《へや》で寝《ね》ていると、

「オレ、こんなことしていていいんやろうか」

と、おちつきませんでした。ちゃんこや風呂《ふろ》も先《さき》にとれるようになったけど、入門《にゅうもん》から2年目《ねんめ》の若《わか》い自分《じぶん》が、先《さき》に入門《にゅうもん》した兄弟子《あにでし》にちゃんこでご飯《はん》をよそってもらったりするのは、ちょっと気《き》まずい感《かん》じもしました。

しかし、十両《じゅうりょう》に上《あ》がって待遇《たいぐう》は良《よ》くなりましたが、満足《まんぞく》しているわけではありません。まだまだ上《うえ》には上《うえ》がいます。

このころ、「幕内《まくうち》に上《あ》がって横綱《よこづな》と対戦《たいせん》する」ことが目標《もくひょう》になりました。けいこもよりはげしくなっていきました。境川親方《さかいがわおやかた》はきびしい指導《しどう》でしたが、言葉《ことば》のなかには「こいつを強《つよ》くしたい」という愛情《あいじょう》がいつもこめられていました。

そんな境川親方《さかいがわおやかた》の指導《しどう》のなかでも忘《わす》れられないことがひとつ、十両《じゅうりょう》に上《あ》がってまもないころにあります。

先《さき》をいくライバルたち

本場所《ほんばしょ》以外《いがい》でおこなわれる大相撲《おおずもう》のトーナメント戦《せん》で、ぼくがかんたんに負《ま》けたことがありました。その翌朝《よくあさ》、けいこ場《ば》に下《お》りたとき、師匠《ししょう》からきびしい指導《しどう》を受《う》けました。

たとえ本場所《ほんばしょ》でなくても気持《きも》ちの入《はい》っていないすもうを取《と》ったことがゆるせなかったのだと思《おも》います。

「どんなときでも力士《りきし》は気《き》を抜《ぬ》いてはいけない」

きびしくしかられても怒鳴《どな》られても、師匠《ししょう》の思《おも》いが伝《つた》わってきましたから、ぼくも必死《ひっし》で師匠《ししょう》にくらいつきました。それに、幕下《まくした》で負《ま》け越《こ》した経験《けいけん》から、

「もっときびしいけいこをしないと、ここから先《さき》は通用《つうよう》しない」

と思《おも》っていたので、きびしいけいこは、充実《じゅうじつ》したものでした。

新十両《しんじゅうりょう》になってむかえた11月《がつ》の九州場所《きゅうしゅうばしょ》。

ここでは、いきなり3連敗《れんぱい》と最悪《さいあく》のスタートでした。

「勝《か》たなくてはいけない」という思《おも》いがいままで以上《いじょう》に強《つよ》くなり、緊張《きんちょう》とプレッシャーに負《ま》けてしまいました。それでもなんとか8勝《しょう》7敗《はい》で勝《か》ち越《こ》し、翌年《よくとし》1月《がつ》の初場所《はつばしょ》でも8勝《しょう》

7敗《はい》と2場所《ばしょ》連続《れんぞく》で勝《か》ち越《こ》しました。

しかし、十両《じゅうりょう》2枚目《まいめ》だった栃煌山《とちおうざん》は10勝《しょう》5敗《はい》と大《おお》きく勝《か》ち越《こ》し、幕内《まくうち》への昇進《しょうしん》、新入幕《しんにゅうまく》をきめたのです。

また、同《おな》じ部屋《へや》で同期《どうき》の門元《かどもと》も十両《じゅうりょう》に上《あ》がり、しこ名《な》を「豊響《とよひびき》」に変《か》えて、いきなり十《じゅう》両優勝《りょうゆうしょう》をはたしました。さらに豊響《とよひびき》はこの年《とし》の5月《がつ》、10勝《しょう》5敗《はい》の成績《せいせき》で、幕内昇進《まくうちしょうしん》をきめたのです。

入門《にゅうもん》から毎日《まいにち》、ともにけいこをしてきた同期《どうき》に先《さき》を越《こ》されて正直《しょうじき》、あせりました。

栃煌山《とちおうざん》には新十両《しんじゅうりょう》も新入幕《しんにゅうまく》も先《さき》を越《こ》され、こんどは豊響《とよひびき》にも抜《ぬ》かれました。

ライバルたちがつぎつぎと自分《じぶん》より先《さき》にいく。

自分《じぶん》もがんばっているのに……。

負《ま》けたくない。

このとき味《あじ》わったくやしさは、自分《じぶん》にとって大《おお》きなはげみになりました。

ライバルたちの活躍《かつやく》に負《ま》けたくないという一心《いっしん》でけいこにはげみ、その成果《せいか》もあって、7月《がつ》の名古屋場所《なごやばしょ》では12勝《しょう》3敗《ぱい》という成績《せいせき》で十両優勝《じゅうりょうゆうしょう》をすることができました。ついにぼも新入幕《しんにゅうまく》をきめることができたのです。

（ついに、幕内《まくうち》になれたぞ――――！）

しかし、よろこんでいられるのもつかのまです。

なんと、ライバル・栃煌山《とちおうざん》は、幕内入《まくうちい》りして初《はじ》めての場所《ばしょ》で、11勝《しょう》4敗《ぱい》で敢闘賞《かんとうしょう》を受賞《じゅしょう》。

同《おな》じく豊響《とよひびき》も、新入幕《しんにゅうまく》の場所《ばしょ》で11勝《しょう》4敗《ぱい》で敢闘賞《かんとうしょう》を受賞《じゅしょう》していたのです。

追《お》いついたと思《おも》うと、さらにライバルたちが先《さき》をいく。

ぜったいに負《ま》けてたまるか。

しずかな闘志《とうし》を内《うち》にひめ、初《はじ》めての幕内《まくうち》の場所《ばしょ》では「ライバル以上《いじょう》の成績《せいせき》」と「三賞《さんしょう》をとる」ことを目標《もくひょう》にしました。三賞《さんしょう》とは、本場所《ほんばしょ》で活躍《かつやく》した関脇以下《せきわけいか》の力士《りきし》を表彰《ひょうしょう》する賞《しょう》で、「技能賞《ぎのうしょう》」「敢闘賞《かんとうしょう》」「殊勲賞《しゅくんしょう》」の3つの賞《しょう》のことです。

初《はつ》の幕内場所《まくうちばしょ》、目標《もくひょう》を達成《たっせい》してライバルたちに追《お》いつく。いや、追《お》い抜《ぬ》く。

待《ま》ってろ、栃煌山《とちおうざん》。待《ま》ってろ、豊響《とよひびき》。

そうひそかに決意《けつい》して、新入幕《しんにゅうまく》の場所《ばしょ》にいどみました――。

抜《ぬ》きつ抜《ぬ》かれつのデッドヒート

本場所《ほんばしょ》では、初日《しょにち》は順当《じゅんとう》に勝《か》ち、2日目《かめ》に栃煌山《とちおうざん》との対戦《たいせん》が組《く》まれました。序二段《じょにだん》で戦《たたか》って以来《いらい》、2年半《ねんはん》ぶりの対戦《たいせん》です。

「ぜったいに勝《か》つ！」

番付《ばんづけ》を抜《ぬ》かれたくやしさを晴《は》らそうと、すさまじい気合《きあ》いでいどみました。

しかし、結果《けっか》は、負《ま》け。

初《はじ》めてライバルとの直接対決《ちょくせつたいけつ》で負《ま》けて、とてもくやしかったですが、ここで終《お》わるわけにはいきません。どんなことがあっても、15日間《にちかん》の場所《ばしょ》を戦《たたか》い抜《ぬ》くのがプロのすもうです。

翌日《よくじつ》からは、ひらきなおって、どこか肩《かた》の力《ちから》が抜《ぬ》けて勝《か》ちつづけました。そして、気《き》がつけば、11日目《にちめ》を終《お》えて負《ま》けたすもうは栃煌山戦《とちおうざんせん》だけで、10勝《しょう》1敗《ぱい》と優勝争《ゆうしょうあらそ》いで単独《たんどく》トップに立《た》っていたのです。

このときの優勝争《ゆうしょうあらそ》いでは、9勝《しょう》2敗《はい》で横綱《よこづな》・白鵬関《はくほうぜき》に追《お》われる立場《たちば》でしたが、横綱《よこづな》を超《こ》えて新入幕《しんにゅうまく》のぼくが単独《たんどく》トップに立《た》った実感《じっかん》は、まったくありませんでした。

ただ、ひたすら無我夢中《むがむちゅう》で戦《たたか》っていた結果《けっか》だったと思《おも》います。

12日目《にちめ》は、小結《こむすび》の安馬関《あまぜき》（現横綱《げんよこづな》・日馬富士《はるまふじ》）との対戦《たいせん》。結果《けっか》は「送《おく》り吊《つ》り落《お》とし」という荒技《あらわざ》で負《ま》けました。初《はじ》めての上位力士《じょういりきし》との対戦《たいせん》で、実力《じつりょく》の差《さ》を感《かん》じました。小結《こむすび》との対戦《たいせん》の翌日《よくじつ》は、大関《おおぜき》・千代大海関《ちよたいかいぜき》。大関《おおぜき》にも送《おく》り出《だ》しで敗《やぶ》れ、3敗目《ぱいめ》。

むかえた14日目《かめ》。なんと、対戦相手《たいせんあいて》は横綱《よこづな》の白鵬関《はくほうぜき》。長《なが》い大相撲《おおずもう》の歴史《れきし》でも新入幕《しんにゅうまく》の力士《りきし》が横綱《よこづな》と対戦《たいせん》することは、過去《かこ》に数《かぞ》えるほどしかありません。異例中《いれいちゅう》の異例《いれい》の取組《とりくみ》です。十両《じゅうりょう》に上《あ》がったときに「幕内《まくうち》に上《あ》がって横綱《よこづな》と対戦《たいせん》する」ことを目標《もくひょう》にしたぼくにとって、はやくも実現《じつげん》した夢《ゆめ》の一戦《いっせん》です。

対戦《たいせん》がきまったときは、どこか不思議《ふしぎ》な気持《きも》ちになりました。横綱《よこづな》には真《ま》っ向《こう》からぶつかりましたが、最後《さいご》は右腕《みぎうで》をとられ「とったり」で敗《やぶ》れました。負《ま》けはしましたが、このときは「やるだけやった」というすがすがしい気持《きも》ちでした。

翌日《よくじつ》の千秋楽《せんしゅうらく》には勝《か》ち、終《お》わってみれば、栃煌山《とちおうざん》と豊響《とよひびき》と同《おな》じ11勝《しょう》4敗《ぱい》の成績《せいせき》で、目標《もくひょう》だった敢闘賞《かんとうしょう》を受賞《じゅしょう》することができました。

初《はじ》めての幕内《まくうち》でのすもう。10歳《さい》以上《いじょう》も年上《としうえ》の旭天鵬関《きょくてんほうぜき》や玉春日関《たまかすがぜき》と対戦《たいせん》するときには、

「ちっちゃいころから見《み》てた関取《せきとり》とオレが対戦《たいせん》するんや」

と不思議《ふしぎ》な感覚《かんかく》でした。

優勝争《ゆうしょうあらそ》い。横綱《よこづな》、大関《おおぜき》との対戦《たいせん》。いろんな経験《けいけん》をした新入幕場所《しんにゅうまくばしょ》を終《お》え、目標《もくひょう》は小結《こむすび》、関脇《せきわけ》、そして大関《おおぜき》と考《かんが》えるようになりました。同時《どうじ》に部屋《へや》を引《ひ》っぱっていく存在《そんざい》にならないといけないということも意識《いしき》するようになりました。

当時《とうじ》、境川部屋《さかいがわべや》にはぼくと岩木山関《いわきやまぜき》、寶智山関《ほうちやまぜき》、豊響関《とよひびきぜき》と4人《にん》の関取《せきとり》がいましたが、部屋《へや》の若《わか》い力士《りきし》たちは、関取《せきとり》の背中《せなか》をしっかりと見《み》ています。けいこで手《て》を抜《ぬ》いて、本場所《ほんばしょ》だけ勝《か》つ。そんな姿《すがた》を見《み》せると、若《わか》い力士《りきし》たちはけいこで手《て》を抜《ぬ》くようになってしまいます。そうなると、部屋《へや》のけいこのムードが悪《わる》くなり、若《わか》い力士《りきし》が育《そだ》つことはありません。

自分《じぶん》につづく関取《せきとり》を生《う》みだすのも関取《せきとり》の役割《やくわり》です。

「師匠《ししょう》、部屋《へや》のためにもけいこではぜったいに手《て》を抜《ぬ》かない」

ぼくを育《そだ》てていただいた師匠《ししょう》へ恩返《おんがえ》しするためにも、番付《ばんづけ》を上《あ》げるごとに、そう自覚《じかく》してけいこを重《かさ》ねていきました。

同級生《どうきゅうせい》・稀勢《きせ》の里《さと》の存在《そんざい》

新入幕《しんにゅうまく》から1年《ねん》がたち、楽《たの》しみにしていた対戦《たいせん》がありました。稀勢《きせ》の里関《さとぜき》との初顔《はつかお》あわせです。

ぼくと稀勢《きせ》の里関《さとぜき》は、同《おな》じ1986年生《ねんう》まれの同級生《どうきゅうせい》です。稀勢《きせ》の里関《さとぜき》は中学《ちゅうがく》を卒業《そつぎょう》して大相撲《おおずもう》に入門《にゅうもん》し、17歳《さい》9ヶ月《かげつ》で十両《じゅうりょう》に上《あ》がり、18歳《さい》3ヶ月《かげつ》で幕内《まくうち》に上《あ》がりました。

ぼくは、このころ、まだ高校《こうこう》3年生《ねんせい》です。

テレビで活躍《かつやく》を見《み》ていて「**同《おな》い年《どし》なのにすごい力士《りきし》がいるな**」と注目《ちゅうもく》していました。

ぼくが初土俵《はつどひょう》を踏《ふ》んだときには、すでに幕内力士《まくうちりきし》で「次世代《じせだい》の大関《おおぜき》、横綱候補《よこづなこうほ》」と注目《ちゅうもく》を集《あつ》めていました。同級生《どうきゅうせい》ですが、ずっと背中《せなか》を追《お》いかけてきた稀勢《きせ》の里関《さとぜき》とようやく対戦《たいせん》することが実現《じつげん》したのです。

結果《けっか》は負《ま》けてしまいましたが、初《はじ》めての対戦《たいせん》で前《まえ》にでる力《ちから》の強《つよ》さを感《かん》じ、あたらしい刺激《しげき》を受《う》けました。あれから、稀勢《きせ》の里関《さとぜき》は、大関《おおぜき》、横綱《よこづな》と昇進《しょうしん》していきましたが、初《はじ》めて対戦《たいせん》したときからいまも高《たか》い目標《もくひょう》として、ライバルとして存在《そんざい》してくれています。

つづければかならずいいことがある

一方《いっぽう》、ぼくはライバル・栃煌山《とちおうざん》、豊響《とよひびき》よりも先《さき》に小結《こむすび》、関脇《せきわけ》へと昇進《しょうしん》しました。番付《ばんづけ》を追《お》い抜《ぬ》かれ、くやしい思《おも》いをしてきましたが、小結《こむすび》、関脇《せきわけ》にはぼくが先《さき》に昇進《しょうしん》することができました。

関脇《せきわけ》に上《あ》がったころには、体重《たいじゅう》も150キロ近《ちか》くなり、大関《おおぜき》という地位《ちい》をしっかり意識《いしき》するようになってきました。

2012年《ねん》5月《がつ》の夏場所《なつばしょ》に2度目《どめ》の関脇《せきわけ》になってからは、14場所連続《ばしょれんぞく》で関脇《せきわけ》の地位《ちい》を守《まも》りました。まわりからは「はやく大関《おおぜき》に上《あ》がってほしい」と期待《きたい》もかけられていましたが、「ぜったいに上《あ》がるしかない」と思《おも》うのと同時《どうじ》に、「ずっと大関《おおぜき》に近《ちか》い地位《ちい》ですもうが取《と》れている」という充実感《じゅうじつかん》もあって、毎場所《まいばしょ》、前《まえ》むきな気持《きも》ちでのぞんでいました。

大関昇進《おおぜきしょうしん》への勝負《しょうぶ》の場所《ばしょ》は、14場所連続関脇《ばしょれんぞくせきわけ》での出場《しゅつじょう》となった2014年《ねん》7月《がつ》の名古屋《なごや》場所《ばしょ》。10日目《かめ》に横綱《よこづな》・鶴竜関《かくりゅうぜき》に勝《か》ち、11日目《にちめ》の横綱《よこづな》・白鵬関《はくほうぜき》にも勝《か》ちました。横綱《よこづな》に2日《か》連続《れんぞく》で勝《か》ったことで、昇進《しょうしん》を話《はな》しあう相撲協会《すもうきょうかい》の審判部《しんぱんぶ》が千秋楽《せんしゅうらく》の大関《おおぜき》・琴奨菊関《ことしょうぎくぜき》との一番《ばん》に勝《か》てば、大関昇進《おおぜきしょうしん》を検討《けんとう》すると明《あ》かしたのです。

11勝《しょう》3敗《ぱい》でむかえた千秋楽《せんしゅうらく》。勝《か》てば大関《おおぜき》ですが、負《ま》ければ、夢《ゆめ》は消《き》えていきます。

大《おお》きなプレッシャーにおそわれました。

支度部屋《したくべや》では、とにかく無心《むしん》でいくことと気合《きあ》いで負《ま》けないことだけに集中《しゅうちゅう》しました。

運命《うんめい》の一番《ばん》は、思《おも》いきって前《まえ》にでて一気《いっき》に寄《よ》り切《き》りで勝《か》ちました。

館内《かんない》からの大《おお》きな拍手《はくしゅ》に大関昇進《おおぜきしょうしん》がきまったことを実感《じっかん》しました。

初土俵《はつどひょう》から9年《ねん》。

師匠《ししょう》、おかみさん、山田先生《やまだせんせい》、両親《りょうしん》らお世話《せわ》になった方《かた》たちへ恩返《おんがえ》しができたことが一《いち》番《ばん》のよろこびでした。

昇進《しょうしん》の目安《めやす》には1勝《しょう》たりない3場所《ばしょ》で32勝《しょう》でしたが、審判部《しんぱんぶ》からは「関脇《せきわけ》で14場所連続《ばしょれんぞく》やってきたことは評価《ひょうか》できる」とおっしゃっていただけました。ケガをしたり、たくさん苦《くる》しいことがありましたが、がまんしてつづけてきて良《よ》かったと身《み》に染《し》みた瞬間《しゅんかん》でした。

がんばって、なにかひとつのことをつづければかならずいいことがある。

大関昇進伝達式《おおぜきしょうしんでんたつしき》。境川親方《さかいがわおやかた》、おかみさんと。

大関《おおぜき》に昇進《しょうしん》することで、言葉《ことば》ではなく、結果《けっか》でそれを証明《しょうめい》することができたと思《おも》います。

大関昇進《おおぜきしょうしん》。そして、その先《さき》へ……

大関昇進《おおぜきしょうしん》がきまると協会《きょうかい》から昇進《しょうしん》を伝《つた》える伝達式《でんたつしき》があります。このとき、伝《つた》えにきた使者《ししゃ》である親方《おやかた》へ大関《おおぜき》として口上《こうじょう》という決意《けつい》をのべるのがならわしです。

前日《ぜんじつ》に師匠《ししょう》と相談《そうだん》し、この言葉《ことば》を口上《こうじょう》にしました。

「これからも大和魂《やまとだましい》を貫《つらぬ》いてまいります」

すもうは、日本《にほん》に古《ふる》くから伝《つた》わる伝統《でんとう》文化《ぶんか》です。

土俵《どひょう》の上《うえ》の勝負《しょうぶ》はもちろんですが、先人《せんじん》が教《おし》えてくれた礼儀《れいぎ》や作法《さほう》も、どこの国《くに》にも胸《むね》をはってほこることができるものだと思《おも》っています。また、日本人《にほんじん》が持《も》つがまん強《づよ》さや辛抱《しんぼう》する気持《きも》ちも大切《たいせつ》にしたいと考《かんが》えました。

こうした心《こころ》を「大和魂《やまとだましい》」という言葉《ことば》であらわしました。大相撲《おおずもう》というすばらしい文化《ぶんか》を大関《おおぜき》として未来《みらい》につなげる責任《せきにん》と自覚《じかく》への思《おも》いをこめました。

実《じっ》は、この伝達式《でんたつしき》の日《ひ》は師匠《ししょう》の境川親方《さかいがわおやかた》の誕生日《たんじょうび》でもありました。部屋《へや》ではお祝《いわ》いが重《かさ》なったうれしい日《ひ》でした。実《じつ》はこの日《ひ》、若《わか》い力士《りきし》が師匠《ししょう》のために誕《たん》生日《じょうび》ケーキを用意《ようい》したのですが、師匠《ししょう》は「今日《きょう》は、豪太郎《ごうたろう》の日《ひ》だぞ」とケーキを遠慮《えんりょ》するということがありました。

「この師匠《ししょう》なら、うれしいときも苦《くる》しいときも、いっしょに笑《わら》って、いっしょに泣《な》くことができる」

入門《にゅうもん》するとき、その人柄《ひとがら》にほれて境川部屋《さかいがわべや》へ入《はい》ることをきめましたが、この日《ひ》も変《か》わらず、自分《じぶん》のことより弟子《でし》のことを第一《だい》に考《かんが》えてくれる心《こころ》くばりを目《ま》のあたりにして、あらためて、「境川部屋《さかいがわべや》に入《はい》って良《よ》かった。師匠《ししょう》についてきて良《よ》かった」と思《おも》いました。

こうして、目標《もくひょう》だった大関昇進《おおぜきしょうしん》をきめました。

ただ、大関《おおぜき》で満足《まんぞく》しているわけではありません。

まだ、一度《ど》も優勝《ゆうしょう》を果《は》たしていない。

つぎの目標《もくひょう》は、初優勝《はつゆうしょう》に定《さだ》まりました。

また、大関《おおぜき》は最高位《さいこうい》ではありません。上《うえ》には、横綱《よこづな》があります。実《じつ》は自分《じぶん》では記憶《きおく》にないのですが、入門《にゅうもん》したときに協会《きょうかい》のアンケートで「横綱《よこづな》になる」と書《か》いていました。

横綱《よこづな》。

この大《おお》きな目標《もくひょう》もいよいよ現実《げんじつ》に目《め》の前《まえ》に立《た》ちはだかるときがきました。

ところが、つぎの目標《もくひょう》へ進《すす》む道《みち》は、いきなりつまずくことになります。

男《おとこ》の子《こ》はだまってやるべきことをやるだけ

名古屋場所《なごやばしょ》の途中《とちゅう》で足《あし》をケガしていました。場所中《ばしょちゅう》はなんとか気合《きあ》いで乗《の》りきりましたが、千秋楽《せんしゅうらく》が終《お》わってからも痛《いた》みが引《ひ》くことはありませんでした。

8月《がつ》には、地方《ちほう》をまわる巡業《じゅんぎょう》があるのですが、やむなく休《やす》むことをきめました。

ここからが苦《くる》しい日々《ひび》のはじまりです。

新大関《しんおおぜき》場所《ばしょ》となった秋場所《あきばしょ》は、初日《しょにち》に敗《やぶ》れ、2日目《かめ》は不戦勝《ふせんしょう》、3日目《かめ》も負《ま》け、3日目《かめ》までにすもうを取《と》って白星《しろぼし》がないきびしいスタートとなりました。4日目《かめ》にようやく勝《か》ちましたが、14日目《かめ》を終《お》えて7勝《しょう》7敗《はい》で、千秋楽《せんしゅうらく》に負《ま》ければいきなり負《ま》け越《こ》しのピンチに立《た》たされたのです。千秋楽《せんしゅうらく》の豪風関《たけかぜぜき》との一番《ばん》は、勝《か》つことができて負《ま》け越《こ》しは逃《のが》れましたが、大関《おおぜき》の苦《くる》しさを味《あじ》わった場所《ばしょ》でした。

それまでは勝《か》つと拍手《はくしゅ》を送《おく》られましたが、大関《おおぜき》になると番付《ばんづけ》が下《した》の力士《りきし》には「勝《か》ってあたりまえ」という目《め》で見《み》られます。自分自身《じぶんじしん》も「大関《おおぜき》だから勝《か》たなアカン」とこれまで以上《いじょう》に勝《か》つことへのプレッシャーが大《おお》きくなっていきました。初《はじ》めての大関《おおぜき》としての場所《ばしょ》は、かろうじて勝《か》ち越《こ》しましたが、つぎの九州場所《きゅうしゅうばしょ》では5勝《しょう》10敗《ぱい》と大敗《たいはい》してしまいました。

大関《おおぜき》は1場所《ばしょ》負《ま》け越《こ》しても、番付《ばんづけ》が落《お》ちることはありません。ただし、2場所連続《ばしょれんぞく》で負《ま》け越《こ》すと関脇《せきわけ》に落《お》ちてしまいます。一度《ど》負《ま》け越《こ》すと、つぎの場所《ばしょ》は「カド番《ばん》」と呼《よ》ばれます。大関昇進《おおぜきしょうしん》から3場所目《ばしょめ》ではやくも「カド番《ばん》」を経験《けいけん》してしまいました。

負《ま》け越《こ》せば関脇《せきわけ》へ落《お》ちるプレッシャーとの戦《たたか》い。

このカド番《ばん》では、12日目《にちめ》に横綱《よこづな》・鶴竜関《かくりゅうぜき》に敗《やぶ》れ、あと3日間《かかん》をのこして7敗《はい》とがけっぷちになってしまいました。あと1敗《ぱい》すれば関脇《せきわけ》にかん落《らく》。

最後《さいご》の3日間《かかん》は無我夢中《むがむちゅう》ですもうを取《と》りました。

結果《けっか》、3連勝《れんしょう》で勝《か》ち越《こ》して、カド番《ばん》を脱出《だっしゅつ》することができました。

しかし、さらに苦《くる》しいできごとが起《お》きました。

5月《がつ》の夏場所《なつばしょ》の途中《とちゅう》で左肩《ひだりかた》を骨折《こっせつ》し千秋楽《せんしゅうらく》を休場《きゅうじょう》したのです。すでに勝《か》ち越《こ》しをきめていたので、カド番《ばん》に追《お》いこまれることはありませんでしたが、新《あら》たなケガがぼくを苦《くる》しめました。

けっきょく、この年《とし》は7月《がつ》の名古屋場所《なごやばしょ》での9勝《しょう》が最高《さいこう》で、大関《おおぜき》に上《あ》がってから一度《ど》も10勝以上《しょういじょう》の成績《せいせき》をのこせないまま1年《ねん》が終《お》わりました。ふがいない成績《せいせき》がつづくぼくに「ダメ大関《おおぜき》」といったきびしい声《こえ》が聞《き》こえてきました。

いまだから明《あ》かせますが、休場《きゅうじょう》につながった左肩《ひだりかた》のケガ以外《いがい》にも腰《こし》、足《あし》、腕《うで》とたくさんのケガにおそわれて、満足《まんぞく》できるけいこができない日々《ひび》がつづいていたのです。

ぼくは、口上《こうじょう》でちかった「大和魂《やまとだましい》」にこめたように「がまんすることが力士《りきし》」だと思《おも》っています。よく、がんばっていることを「自分《じぶん》なりにがんばってます」と口《くち》にする人《ひと》がいますが、そういうことは好《す》きではありません。がんばることはあたりまえで、がんばったかそうでないかは自分《じぶん》ではなく、まわりの人《ひと》が評価《ひょうか》することだと思《おも》っています。苦《くる》しいときに「自分《じぶん》はいま、こんなに大変《たいへん》です」とか言《い》うことも好《す》きではありません。まわりになにを言《い》われても「やせがまん」をしてたえることが大切《たいせつ》だと思《おも》います。

それが、ぼくが考《かんが》える「すもう道《どう》」でもあります。

大関《おおぜき》に上《あ》がったのに、成績《せいせき》はのこせませんでした。結果《けっか》がでないことを「ケガのせいです」と口《くち》にすることはかんたんです。でも、それをやせがまんしてたえることが大切《たいせつ》で、いつかいいときがくると言《い》い聞《き》かせながら、苦《くる》しいときもけいこに打《う》ちこんでいました。がまんしてやるべきことをやっていれば、いつか結果《けっか》がでる。

男《おとこ》の子《こ》にとって大切《たいせつ》なことは、やせがまんです。

やせがまんが生《う》んだ、優勝《ゆうしょう》

２０１６年《ねん》になってもきびしい日々《ひび》は変《か》わりませんでした。

1月《がつ》の初場所《はつばしょ》では、4勝《しょう》11敗《ぱい》という最低《さいてい》の結果《けっか》をのこしてしまいました。腰《こし》の痛《いた》みがはげしく、歩《ある》くこともつらい状態《じょうたい》に追《お》いこまれ、7日目《かめ》から9連敗《れんぱい》という……。

これも自己最悪《じこさいあく》の連敗《れんぱい》をしてしまったのです。心《こころ》も体《からだ》も、これ以上《いじょう》にないほど落《お》ちこみましたが、場所《ばしょ》が終《お》わり、休養《きゅうよう》と治療《ちりょう》をくりかえしているうちに、体《からだ》の状態《じょうたい》がだんだんと上《うわ》むいてきました。

3月《がつ》の春場所《はるばしょ》は12勝《しょう》と大関《おおぜき》に昇進《しょうしん》してから最高《さいこう》の成績《せいせき》をのこすことができました。

5月《がつ》の夏場所《なつばしょ》で9勝《しょう》と勝《か》ち越《こ》しましたが、7月《がつ》の名古屋場所《なごやばしょ》は7勝《しょう》8敗《ぱい》と負《ま》け越《こ》してしまいました。ただ、けいこは自分《じぶん》が納得《なっとく》できるくらいに追《お》いこめるようになってきて、8月《がつ》の巡業《じゅんぎょう》でもたくさんけいこを積《つ》むことができました。

「体《からだ》がようやく動《うご》くようになってきた」

そんな手《て》ごたえを胸《むね》のうちに秘《ひ》めて9月《がつ》の秋場所《あきばしょ》をむかえました。

初日《しょにち》から体《からだ》が動《うご》いて白星《しろぼし》を重《かさ》ね、7日目《かめ》に隠岐《おき》の海関《うみぜき》をやぶり、7連勝《れんしょう》で自己最高記録《じこさいこうきろく》を更新《こうしん》し、そのまま8日目《かめ》も勝《か》って一気《いっき》に勝《か》ち越《こ》しをきめました。

このころになると、自分《じぶん》でも信《しん》じられないような力《ちから》がでるようになりました。

なにかに背中《せなか》を押《お》されるように土俵《どひょう》で戦《たたか》っていた気《き》がします。

13日目《にちめ》に横綱《よこづな》・日馬富士《はるまふじ》関《ぜき》へいどみましたが、土俵際《どひょうぎわ》まで追《お》いこまれ絶体絶命《ぜったいぜつめい》のピンチに立《た》たされたものの、最後《さいご》に捨《す》て身《み》でくりだした首投《くびな》げがきまり、13連勝《れんしょう》。

14日目《にちめ》の対戦相手《たいせんあいて》は、玉鷲関《たまわしぜき》。

勝《か》てば、優勝《ゆうしょう》がきまる一番《ばん》でした。

「ここでぜったいにきめたる」

すべての気合《きあ》いをいれて土俵《どひょう》にあがりました。

立《た》ち合《あ》いから前《まえ》にでて一気《いっき》に玉鷲関《たまわしぜき》を土俵下《どひょうした》へ落《お》としました。

優勝《ゆうしょう》。

館内《かんない》はすさまじい歓声《かんせい》が起《お》こりました。

自分《じぶん》が達成《たっせい》した優勝《ゆうしょう》なのですが、どこか信《しん》じられない。

まるで自分《じぶん》のことではないような感覚《かんかく》になりました。

花道《はなみち》を引《ひ》きあげ、テレビのインタビューでは、自然《しぜん》となみだが流《なが》れてきました。

小学《しょうがく》1年生《ねんせい》からはじめたすもうで勝《か》って泣《な》いたのは、このときが初《はじ》めてでした。

天皇賜杯《てんのうしはい》を手《て》に。同門《どうもん》の関取《せきとり》たちが祝《いわ》ってくれた。

「思《おも》いどおりにならないことが多《おお》く、つらいこともありましたけど、今日《きょう》で報《むく》われました」

おさえようと思《おも》ってもうれしなみだはとまりませんでした。

「大関《おおぜき》になってからなかなか思《おも》うように勝《か》てませんでしたが、自分《じぶん》のなかでがまんしてきました」

インタビューに答《こた》えながら、頭《あたま》のなかにうかんできたのは師匠《ししょう》、おかみさん、お世話《せわ》になった人《ひと》たちの顔《かお》でした。ぼくを信《しん》じて、支《ささ》えて、応援《おうえん》してくれた人《ひと》たちの顔《かお》を思《おも》いうかべると、自然《しぜん》になみだがあふれてきました。

優勝《ゆうしょう》をめざしてけいこを積《つ》んできましたが、けっして自分《じぶん》ひとりの力《ちから》ではできなかった優勝《ゆうしょう》です。

ぼくが活躍《かつやく》できている理由《りゆう》

18歳《さい》で大相撲《おおずもう》に入門《にゅうもん》してから、12年《ねん》の月日《つきひ》がたちました。境川部屋《さかいがわべや》の門《もん》をたたいた日《ひ》にちかった「強《つよ》くなりたい」という思《おも》いをずっと追《お》いかけて、ここまできたと思《おも》っています。

いま、ぼくが毎日考《まいにちかんが》えていることは、

「悔《く》いのないすもうを取《と》ろう」

ということです。

「勝負《しょうぶ》はときの運《うん》」という言葉《ことば》があるように、土俵《どひょう》での戦《たたか》いは、勝《か》つときもあれば負《ま》けるときもあります。

大切《たいせつ》なのは、結果《けっか》にいたるまでの過程《かてい》だと思《おも》います。

土俵《どひょう》にあがるまでに「自分《じぶん》は、いっしょうけんめいにけいこをしたのか」「やりのこしたことは、なかったのか」。できるかぎりの準備《じゅんび》をして勝負《しょうぶ》にいどんだのかどうかを、ぼくのなかで問《と》いかけています。

それは、どうしてかというと、「あのとき、こうすればよかった。ああすれば良《よ》かった」と悔《く》いののこるすもうは取《と》りたくないからです。そのためには、毎朝《まいあさ》、きびしいけいこで自分自身《じぶんじしん》を追《お》いこんで汗《あせ》を流《なが》すしかありません。勝《か》っても負《ま》けても、ぼくのなかで「精《せい》いっぱい、すもうを取《と》れた」と納得《なっとく》できる土俵《どひょう》をつとめるため、いまも、そしてこれからも精進《しょうじん》していくつもりです。

境川部屋《さかいがわべや》の門《もん》をたたいてから、十両《じゅうりょう》、幕内《まくうち》、三役《さんやく》、そして大関《おおぜき》と出世《しゅっせ》の階段《かいだん》をあがってきました。番付《ばんづけ》が上《あ》がるごとに思《おも》うのは、けっして自分《じぶん》ひとりの力《ちから》では、強《つよ》くなることはできなかったということです。

毎日《まいにち》、指導《しどう》していただく師匠《ししょう》、生活《せいかつ》の面倒《めんどう》をみていただくおかみさん、胸《むね》をだしてくれた兄弟子《あにでし》、自分《じぶん》を支《ささ》えてくれる弟弟子《おとうとでし》、そして、応援《おうえん》してくれるすべての方々《かたがた》、恩師《おんし》、両親《りょうしん》……。いま、ぼくが土俵《どひょう》に立《た》って戦《たたか》うことができるのは、こうした周囲《しゅうい》の人《ひと》たちの力《ちから》があってこそだと心《こころ》から思《おも》っています。

こうした方々《かたがた》に、うれしいときも苦《くる》しいときも、いつもぼくを支《ささ》えていただきました。

お世話《せわ》になった方《かた》の恩《おん》に報《むく》いるためにも、悔《く》いののこるすもうを取《と》ってはいけないと思《おも》っています。

大関《おおぜき》になり、優勝《ゆうしょう》をはたしました。でも、ぼくには、まだ夢《ゆめ》があります。

それは横綱《よこづな》になることです。

もしかすると、夢《ゆめ》は夢《ゆめ》で終《お》わるかもしれません。それでも、あきらめたら終《お》わりです。夢《ゆめ》を実現《じつげん》するために、歩《あゆ》みつづけることが大切《たいせつ》だと思《おも》っています。支《ささ》えてくれる方々《かたがた》への感謝《かんしゃ》を忘《わす》れずに、毎日《まいにち》、悔《く》いをのこさず精進《しょうじん》していくつもりです。


みなさんも夢《ゆめ》を持《も》ちましょう。

夢《ゆめ》があれば、苦《くる》しいときもつらいときもがんばることができると、ぼくは思《おも》います。

そして、悔《く》いののこらないように、いまを大切《たいせつ》にしましょう。

その先《さき》には、きっといままでには味《あじ》わえなかった感動《かんどう》が待《ま》っているはずです。

豪栄道《ごうえいどう》ってどんな人《ひと》!?

◉きらいな季節《きせつ》は?
夏《なつ》

◉好《す》きな歌《うた》は?
ミスターチルドレンさんの「彩《いろど》り」

◉好《す》きなマンガは?
ワンピース

◉好《す》きな雑誌《ざっし》は?
少年《しょうねん》ジャンプ

◉好《す》きなテレビ番組《ばんぐみ》は?
ダウンタウンのガキの使《つか》いやあらへんで!

◉好《す》きなスポーツは?
野球《やきゅう》、ボクシング

◉好《す》きな女優《じょゆう》は?
長澤《ながさわ》まさみ

◉好《す》きな芸人《げいにん》は?
ダウンタウン

◉好《す》きな言葉《ことば》は?
「武士《ぶし》は食《く》わねど高《たか》ようじ」

◉親友《しんゆう》は?
マービンJr.《ジュニア》

◉苦手《にがて》なタイプは?
ネチネチした人《ひと》

◉好《す》きな食《た》べものは?
焼肉《やきにく》(タン、ハラミ)

◉好《す》きな野菜《やさい》は?
もやし

◉きらいな食《た》べものは?
生魚《なまざかな》、納豆《なっとう》

◉好《す》きな飲《の》みものは?
スポーツドリンク

◉きらいな飲《の》みものは?
ビール

◉好《す》きな動物《どうぶつ》は?
ネコ(かわいい!)

◉きらいな動物《どうぶつ》は?
ゴキブリ(つぶす!)

◉好《す》きな色《いろ》は?
黒《くろ》(派手《はで》な色《いろ》は好《す》きではない)

◉好《す》きな乗《の》りものは?
車《くるま》(運転免許《うんてんめんきょ》は持《も》っていない)

◉きらいな乗《の》りものは?
ジェットコースター

◉好《す》きな季節《きせつ》は?
春《はる》

◉あだ名《な》は?
ごうちゃん

◉小学生《しょうがくせい》のころ、バレンタインデーに本命《ほんめい》チョコをもらったことは?
ない

◉修学旅行《しゅうがくりょこう》はどこに行《い》った?（小学校《しょうがっこう》、中学校《ちゅうがっこう》、高校《こうこう》）
小《しょう》・広島《ひろしま》、中《ちゅう》・沖縄《おきなわ》、高《こう》・アメリカ

◉修学旅行《しゅうがくりょこう》の思《おも》い出《で》は?
沖縄《おきなわ》の海《うみ》がきれいだった

◉体《からだ》が大《おお》きくてこまることは?
トイレがせまい!

◉付《つ》け人《びと》は何人《なんにん》?
4人《にん》

◉戦《たたか》ってみたかった昔《むかし》の力士《りきし》は?
貴《たか》乃《の》花関《はなぜき》

◉化粧《けしょう》まわしはいくつ持《も》っているの?
13本《ぽん》

◉お休《やす》みの日《ひ》はなにをしている?
ずっと寝《ね》ている

◉結婚《けっこん》して男《おとこ》の子《こ》が生《う》まれたら、すもうをやらせる?
センスがあるか見《み》てから

◉もしも森《もり》でクマに出会《であ》ったら?
最初《さいしょ》は逃《に》げて、
つかまりそうになったら戦《たたか》う

◉自分《じぶん》の長所《ちょうしょ》は?
さっぱりしているところ

◉自分《じぶん》の短所《たんしょ》は?
せっかちなところ

◉クセはある?
沈黙《ちんもく》がつづくと笑《わら》ってしまう

◉得意《とくい》なことは?
球技《きゅうぎ》

◉苦手《にがて》なことは?
字《じ》を書《か》くこと

◉ペットは飼《か》っている?
クワガタ

◉くやしいことがあったら?
お酒《さけ》を飲《の》む

◉山《やま》と海《うみ》ならどっちが好《す》き?
海《うみ》

◉小学生《しょうがくせい》のころ得意《とくい》だった科目《かもく》は?
体育《たいいく》

◉小学生《しょうがくせい》のころきらいだった科目《かもく》は?
算数《さんすう》

◉子供《こども》のころなりたかった職業《しょくぎょう》は?
プロ野球選手《やきゅうせんしゅ》

◉子供《こども》のころはやっていたことは?
ハイパーヨーヨー

大相撲《おおずもう》まめ知識《ちしき》

どすこいトリビア④ 勝負《しょうぶ》の世界《せかい》

大相撲《おおずもう》は究極《きゅうきょく》の勝負《しょうぶ》の世界《せかい》といわれている。すもうの強《つよ》さで、生活《せいかつ》のすべてが変《か》わってくるからだ。きびしい世界《せかい》だけど、それだけ夢《ゆめ》もある。力士《りきし》はみんなその夢《ゆめ》を追《お》って日々《ひび》がんばっているんだ。

【番付表《ばんづけひょう》】

すべての力士《りきし》を順位《じゅんい》づけしたものが「番付表《ばんづけひょう》」だ。このランキングは、本場所《ほんばしょ》の成績《せいせき》できめられている。良《よ》い成績《せいせき》をのこせば上《うえ》の地位《ちい》に上《あ》がれるし、悪《わる》ければ下《さ》がる。年齢《ねんれい》も体格《たいかく》も出身《しゅっしん》も関係《かんけい》ない、実力《じつりょく》がすべてのとても平等《びょうどう》なシステムなんだ。そして、この**番付表《ばんづけひょう》でふだんの生活《せいかつ》もきめられている。**くわしくはつぎのページの表《ひょう》を見《み》てね。

【お金《かね》】

プロの力士《りきし》は、すもうを取《と》ってお金《かね》をかせいでいる。そして、番付《ばんづけ》が上《うえ》にいけばいくほどもらえるお金《かね》が増《ふ》える。ある横綱《よこづな》は、「**土俵《どひょう》には金《かね》がうまっている**」と言《い》って若《わか》い力士《りきし》をはげましたそうだ。どれぐらいのお金《かね》をもらえるんだろう？

◉**基本給《きほんきゅう》**――毎月《まいつき》もらえるお給料《きゅうりょう》は、つぎのようにきまっている。

・十両《じゅうりょう》……１０３万円《まんえん》

番付《ばんづけ》によるちがい

横綱《よこづな》	番付《ばんづけ》の頂点《ちょうてん》。土俵入《どひょうい》りのときに白《しろ》くて太《ふと》い綱《つな》をつけるので「横綱《よこづな》」といい、神様《かみさま》が宿《やど》るとされる。ゆいいつ番付《ばんづけ》が下《さ》がることがない。地位《ちい》にふさわしい成績《せいせき》がのこせなくなると、引退《いんたい》する。
大関《おおぜき》	横綱《よこづな》につぐ大相撲《おおずもう》の看板力士《かんばんりきし》。昇進《しょうしん》がきまると、審判部《しんぱんぶ》から使者《ししゃ》がきて、昇進伝達式《しょうしんでんたつしき》がおこなわれる。
関脇《せきわけ》	「大関《おおぜき》の脇《わき》」という意味《いみ》。豪栄道《ごうえいどう》は大関《おおぜき》に昇進《しょうしん》するまで、２年以上《ねんいじょう》この地位《ちい》を守《まも》った。
小結《こむすび》	ここから大関《おおぜき》までを「三役《さんやく》」という。成績優秀《せいせきゆうしゅう》な前頭《まえがしら》が上《あ》がることができる。
前頭《まえがしら》	平幕《ひらまく》ともいう。前頭《まえがしら》から上《うえ》は幕内《まくうち》で、テレビで本場所《ほんばしょ》が中継《ちゅうけい》される。十両《じゅうりょう》からは本場所《ほんばしょ》で15番《ばん》すもうを取《と》る。
十両《じゅうりょう》	十両以上《じゅうりょういじょう》は関取《せきとり》といわれ、生活《せいかつ》がガラッと変《か》わる。毎月《まいつき》の給料《きゅうりょう》がもらえ、幕下以下《まくしたいか》が付《つ》け人《びと》につき、個室《こしつ》に住《す》むことができる。本場所《ほんばしょ》の取組《とりくみ》では大銀杏《おおいちょう》が結《ゆ》えて、絹《きぬ》の締《し》め込《こ》みですもうを取《と》る。「関取《せきとり》になってようやく一人前《いちにんまえ》の力士《りきし》」といわれるのはこのためだ。
幕下《まくした》	コートや番傘《ばんがさ》、博多帯《はかたおび》がゆるされる。幕下《まくした》までは、本場所《ほんばしょ》で取《と》るすもうの回数《かいすう》は７番《ばん》。大部屋《おおべや》に住《す》む。
三段目《さんだんめ》	着物《きもの》（和服《わふく》）を着《き》ることがゆるされる。寒《さむ》かったら羽織《はおり》もOK《オーケー》。足《あし》もとはエナメル製《せい》の雪駄《せった》になる。
序二段《じょにだん》	序二段《じょにだん》までは浴衣《ゆかた》しか着《き》てはいけない。足《あし》もとは、黒《くろ》の足袋《たび》に下駄《げた》。新人《しんじん》のあいだは冬《ふゆ》がつらい。
序ノ口《じょのくち》	相撲部屋《すもうべや》に入門《にゅうもん》して前相撲《まえずもう》がすむと、初《はじ》めて番付《ばんづけ》に名前《なまえ》がのる。ほとんどの力士《りきし》はここから大相撲人生《おおずもうじんせい》をスタートする。

・平幕《ひらまく》……130万《まん》9000円《えん》
・三役《さんやく》……169万《まん》3000円《えん》
・大関《おおぜき》……234万《まん》7000円《えん》
・横綱《よこづな》……282万円《まんえん》

この**基本給《きほんきゅう》がもらえるのは十両以上《じゅうりょういじょう》の関取《せきとり》だけ**。幕下力士《まくしたりきし》は、本場所《ほんばしょ》や巡業《じゅんぎょう》のあとに支払《しはら》われる**「手当《てあて》」**しかもらえない。衣《い》・食《しょく》・住《じゅう》は部屋《へや》が面倒《めんどう》をみてくれるけど、幕《まく》下以下《したいか》のおすもうさんのおさいふの中身《なかみ》はいつもさびしいんだ。

◉力士褒賞金《りきしほうしょうきん》――本場所《ほんばしょ》で良《よ》い成績《せいせき》をのこすと**「持《も》ち給金《きゅうきん》」**というポイントがつく。このポイントによって、年《ねん》6回《かい》の本場所《ほんばしょ》のあとにもらえるのが褒賞金《ほうしょうきん》だ。有名《ゆうめい》なのは、平幕力士《ひらまくりきし》が横綱《よこづな》をたおす**「金星《きんぼし》」**。**ひとつの金星《きんぼし》につき、褒賞金《ほうしょうきん》は4万円増《まんえんふ》える**。幕《まく》内《うち》で優勝《ゆうしょう》すると12万円《まんえん》、全勝優勝《ぜんしょうゆうしょう》だと20万《まん》円《えん》アップ！　**このポイントは減《へ》ることがないから**、活躍《かつやく》すればするほど褒賞金《ほうしょうきん》は増《ふ》えていく。でも、これももらえるのは関取《せきとり》になってからだ。横綱《よこづな》の白鵬《はくほう》はたくさん持《も》ち給金《きゅうきん》がたまっていて、なんと毎場所《まいばしょ》700万円以上《まんえんいじょう》の褒賞金《ほうしょうきん》を手《て》にしている。

◉懸賞金《けんしょうきん》――幕内《まくうち》の大相撲《おおずもう》を見《み》ていると、取《とり》組《くみ》の前《まえ》に呼《よ》び出《だ》しさんが旗《はた》を持《も》ってまわっていることがある。これは企業《きぎょう》などのスポンサーが、その取組《とりくみ》に懸賞《けんしょう》をかけているんだ。懸賞《けんしょう》は1本《ぽん》につき6万《まん》2000円《えん》。そのうち3万円《まんえん》が、その日《ひ》のうちに勝《か》った力《りき》士《し》にわたされる。**懸賞《けんしょう》は1回《かい》の取組《とりくみ》につき**

最高《さいこう》で61本《ぼん》（地方場所《ちほうばしょ》は60本《ぼん》）。もしその取組《とりくみ》で勝《か》ったら、1回《かい》の白星《しろぼし》で183万円《まんえん》がもらえるんだ。

ほかにも優勝賞金《ゆうしょうしょうきん》（幕内《まくうち》1000万円《まんえん》・十《じゅう》両《りょう》200万円《まんえん》・幕下《まくした》50万円《まんえん》など）や、人気力《にんきりき》士《し》はイベントやCMの出演料《しゅつえんりょう》など、たくさんのお金《かね》が入《はい》ってくる。「土俵《どひょう》には金《かね》がうまっている」といわれるのもなっとくだ。

ところで、土俵《どひょう》にはもちろん本物《ほんもの》のお金《かね》はうまっていないから、ほってもお金《かね》はでてこない。でも、**実《じつ》は本当《ほんとう》に土俵《どひょう》にうめられているものがある。**それは「塩《しお》、洗米《せんまい》、昆布《こんぶ》とするめ、かやの実《み》と勝《か》ち栗《ぐり》」といった食《た》べものだ。これは神様《かみさま》へのおそなえとして、毎場所《まいばしょ》土俵《どひょう》にうめているんだって。

【優勝《ゆうしょう》】

本場所《ほんばしょ》で幕内優勝《まくうちゆうしょう》することは、全力士《ぜんりきし》の夢《ゆめ》だ。 優勝者《ゆうしょうしゃ》は、その場所《ばしょ》で一番強《いちばんつよ》い力士《りきし》ということになる。

最終日《さいしゅうび》の千秋楽《せんしゅうらく》には、天皇賜杯《てんのうしはい》につづいて、優勝旗《ゆうしょうき》、内閣総理大臣杯《ないかくそうりだいじんはい》など、そのあともさまざまなトロフィーが優勝力士《ゆうしょうりきし》に授与《じゅよ》される。

そして、**それぞれの賞《しょう》の副賞《ふくしょう》としてもらえるものがすごい**んだ。「宮崎県知事賞《みやざきけんちじしょう》」の副《ふく》賞《しょう》は、宮崎牛《みやざきぎゅう》1頭分《とうぶん》と、野菜《やさい》・くだものが1トン。「福島県知事賞《ふくしまけんちじしょう》」はお米《こめ》1トンとりんごやお肉《にく》。ほかにもしいたけやお酒《さけ》や、たくさんのものがもらえる。なかにはマカロンや、ガソリン1年分《ねんぶん》がもらえるという賞《しょう》も。

でもやっぱり一番《いちばん》うれしいのは、「優勝《ゆうしょう》した」という名誉《めいよ》だろう。優勝力士《ゆうしょうりきし》には、たて3メートル・よこ2メートル以上《いじょう》の巨大《きょだい》な優《ゆう》勝額《しょうがく》がおくられる。力士《りきし》の全身《ぜんしん》の姿《すがた》を写《うつ》した優勝額《ゆうしょうがく》は、国技館《こくぎかん》の東西南北《とうざいなんぼく》にかざられて、はずされるまでの5年《ねん》と4ケ月《げつ》、その栄誉《えいよ》がたたえられるんだ。

オマケ どす恋《こい》コラム

大相撲《おおずもう》は女性《じょせい》にも大人気《だいにんき》。「スージョ（すもう女子《じょし》）」と呼《よ》ばれるファンも増《ふ》えている。

まげを結《ゆ》って、和服姿《わふくすがた》でどうどうと歩《ある》いている力士《りきし》はとてもかっこいいし、やさしくて、話《はなし》がおもしろいおすもうさんも多《おお》い。モテるのも当然《とうぜん》だね。実際《じっさい》、きれいな女性《じょせい》とおつきあいしている力士《りきし》はたくさんいる。**力士《りきし》のあいだでは、美人《びじん》のことを「金星《きんぼし》」って呼《よ》んでいるんだ。**

でも、力士《りきし》とつきあうのはなかなか大変《たいへん》だ。幕下力士《まくしたりきし》は大部屋《おおべや》暮《ぐ》らしだから、外《そと》で会《あ》うしかない。関取《せきとり》になっても、日本全国《にほんぜんこく》を飛《と》びまわっているから、なかなか会《あ》えない。それに結婚《けっこん》して、力士《りきし》が引退《いんたい》して親方《おやかた》になったら、おかみさんとして部屋《へや》の弟子《でし》たちの面倒《めんどう》もみなくちゃいけない。

だから力士《りきし》の奥《おく》さんには、美人《びじん》な上《うえ》に、心《こころ》が強《つよ》い女性《じょせい》が多《おお》いんだよ。

集英社みらい文庫

すもう道《どう》まっしぐら！

豪栄道豪《ごうえいどうごう》太《た》郎《ろう》　著

ファンレターのあて先
〒101-8050　東京都千代田区一ツ橋 2-5-10　集英社みらい文庫編集部
いただいたお便りは編集部から先生におわたしいたします。

2017 年 9 月 27 日　第 1 刷発行
2017 年10月 16 日　第 2 刷発行

発 行 者　北畠輝幸
発 行 所　株式会社 集英社
〒101-8050　東京都千代田区一ツ橋 2-5-10
電話　編集部 03-3230-6246
読者係 03-3230-6080
販売部 03-3230-6393（書店専用）
http://miraibunko.jp
装　　丁　町口景　小関悠子（MATCH and Company Co.,Ltd.）　中島由
写真提供　日本相撲協会　澤井真弓
印　　刷　凸版印刷株式会社
製　　本　凸版印刷株式会社
★本書の内容は 2017 年 9 月現在のものです。
ISBN978-4-08-321393-9　C8295　N.D.C.913　182P　18cm

人気《にんき》シリーズ一気読《いっきよ》み！

みらい文庫《ぶんこ》編集部《へんしゅうぶ》のイチオシ！
人気作品《にんきさくひん》のショートストーリーが
読《よ》めるよ！

「牛乳《ぎゅうにゅう》カンパイ係《がかり》、田中《たなか》くん」は、
給食《きゅうしょく》メニュー決定権《けっていけん》をかけて牛乳《ぎゅうにゅう》カンパイ選手権《せんしゅけん》！
「生《い》き残《のこ》りゲーム　ラストサバイバル」は、
男同士《おとこどうし》のがまんくらべ対決《たいけつ》、サバイバル正座《せいざ》！
「実況《じっきょう》！空想武将研究所《くうそうぶしょうけんきゅうじょ》」は、
あの人気武将《にんきぶしょう》が漫才《まんざい》コンビを結成《けっせい》…!?
「電車《でんしゃ》で行《い》こう！」は、
寝台特急《しんだいとっきゅう》から乗客《じょうきゃく》が、次々《つぎつぎ》と消《き》える事件発生《じけんはっせい》！
「戦国《せんごく》ベースボール」は
織田信長《おだのぶなが》vs山田虎太郎《やまだこたろう》、炎《ほのお》の1打席勝負《だせきしょうぶ》！

5年1組《ねんくみ》でだれが一番《いちばん》うまい!?
第《だい》1回牛乳《かいぎゅうにゅう》カンパイ選手権《せんしゅけん》スタート！

牛乳《ぎゅうにゅう》カンパイ係《がかり》、田中《たなか》くん

作《さく》・並木《なみき》たかあき　絵《え》・フルカワマモる

プリン争奪《そうだつ》！ サバイバル正座《せいざ》！
足《あし》がしびれても
座《すわ》りつづける男《おとこ》の勝負《しょうぶ》…!?

生《い》き残《のこ》りゲーム ラストサバイバル

作《さく》・大久保開《おおくぼひらく》　絵《え》・北野詠一《きたのえいいち》

ぼくたちの乗《の》った特急《とっきゅう》が
猛吹雪《もうふぶき》で停車《ていしゃ》。車内《しゃない》から
乗客《じょうきゃく》が次々《つぎつぎ》と消《き》えて…!?

電車《でんしゃ》で行《い》こう！

作《さく》・豊田巧《とよだたくみ》　絵《え》・裕龍《ゆうりゅう》ながれ

一度《いちど》も勝負《しょうぶ》したことがない
信長《のぶなが》さんとついに対決《たいけつ》するよ！

戦国《せんごく》ベースボール

作《さく》・りょくち真太《しんた》
絵《え》・トリバタケハルノブ

「もしも織田信長《おだのぶなが》が女《おんな》だったら？」ほか
研究所《けんきゅうじょ》に届《とど》いた読者《どくしゃ》からの質問《しつもん》にお答《こた》え！

実況《じっきょう》！空想武将研究所《くうそうぶしょうけんきゅうじょ》

作《さく》・小竹洋介《こだけようすけ》　絵《え》・フルカワマモる

この本《ほん》でキミのお気《き》にいりを見《み》つけよう！

残《のこ》るのか――!
限界《げんかい》を超《こ》えた
ゲームがはじまる!
50
6
28
50人《にん》の小学生《しょうがくせい》が最後《さいご》の一人《ひとり》になるまで
ひとつの競技《きょうぎ》でたたかう大会《たいかい》、ラストサバイバル。
「最後《さいご》まで残《のこ》った優勝者《ゆうしょうしゃ》はなんでも願《ねが》いごとがかなう」という。
小《しょう》6の桜井《さくらい》リクはラストサバイバルに参加《さんか》し、優勝《ゆうしょう》をめざすが…!?
このゲームは遊《あそ》びじゃない!!
おどろきのラストを見逃《みのが》すな!!
シリーズ絶賛《ぜっさん》発売中《はつばいちゅう》!

だれが最《さい》後《ご》まで
集英社みらい文庫
大久保開 作 北野詠一 絵
生き残りゲーム
ラストサバイバル
でてはいけないサバイバル教室!
第《だい》2弾《だん》
でてはいけないサバイバル教室《きょうしつ》
2017年《ねん》10月《がつ》27日《にち》発売《はつばい》
ラストサバイバル
第《だい》1弾《だん》
最《さい》後《ご》まで歩《ある》けるのはだれだ!?
生《い》き残《のこ》りゲーム
ラストサバイバル
大久保開《おおくぼひらく》作《さく》 北野詠一《きたのえいいち》絵《え》

人《にん》の感動《かんどう》物語《ストーリー》！

みんなのあこがれ、
甲子園《こうしえん》にまつわる激《げき》アツエピソードがもりだくさん！
あのスーパースターの高校時代《こうこうじだい》の知《し》られざるヒストリー！！
笑《わら》って泣《な》いてタメになる！　甲子園伝説《こうしえんでんせつ》の完全保存版《かんぜんほぞんばん》！
これはアツすぎる！

『甲子園《こうしえん》スーパースター列伝《れつでん》』
オグマナオト・著《ちょ》　「野球太郎《やきゅうたろう》」編集部《へんしゅうぶ》・編《へん》

大好評発売中《だいこうひょうはつばいちゅう》！

甲子園《こうしえん》の英雄《ヒーロー》21

この夏《なつ》いちばんアツい話《はなし》がここに!

優勝投手列伝《ゆうしょうとうしゅれつでん》

松坂大輔《まつざかだいすけ》
田中将大《たなかまさひろ》
齋藤佑樹《さいとうゆうき》
島袋洋奨《しまぶくろようすけ》
藤浪晋太郎《ふじなみしんたろう》

スーパーエース列伝《れつでん》

佐藤由規《さとうよしのり》
前田健太《まえだけんた》
菊池雄星《きくちゆうせい》
松井裕樹《まついゆうき》

強打者列伝《きょうだしゃれつでん》

中田　翔《なかたしょう》
筒香嘉智《つつごうよしとも》
山田哲人《やまだてつと》
堂林翔太《どうばやししょうた》
今宮健太《いまみやけんた》

悲運《ひうん》のエース列伝《れつでん》

ダルビッシュ有《ゆう》
野村祐輔《のむらゆうすけ》
大谷翔平《おおたにしょうへい》
安樂智大《あんらくともひろ》

ニュースター列伝《れつでん》

オコエ瑠偉《るい》
小笠原慎之介《おがさわらしんのすけ》
清宮幸太郎《きよみやこうたろう》

web
Sportiva
野球《やきゅう》、サッカー、バスケ、バレー、
格闘技《かくとうぎ》、テニス、フィギュアスケート、ゴルフ……ほか
さまざまなジャンルのスポーツ記事《きじ》を毎日更新《まいにちこうしん》。
試合《しあい》レポート、
選手《せんしゅ》インタビューなど、
日本《にほん》はもちろん、
世界各地《せかいかくち》で取材《しゅざい》してつくる
集英社《しゅうえいしゃ》のスポーツ
専門《せんもん》サイトです。
いストーリー、
バで読《よ》もう!
©Getty Images
https://sportiva.shueisha.co.jp/
スポルティーバ で 検索《けんさく》

MAGUIRE
15
スポーツの熱《あつ》
スポルティー

「みらい文庫《ぶんこ》」読者《どくしゃ》のみなさんへ

言葉《ことば》を学《まな》ぶ、感性《かんせい》を磨《みが》く、創造力《そうぞうりょく》を育《はぐく》む……、読書《どくしょ》は「人間力《にんげんりょく》」を高《たか》めるために欠《か》かせません。
たった一枚《いちまい》のページをめくる向《む》こう側《がわ》に、未知《みち》の世界《せかい》、ドキドキのみらいが無限《むげん》に広《ひろ》がっている。
これこそが「本《ほん》」だけが持《も》っているパワーです。

学校《がっこう》の朝《あさ》の読書《どくしょ》に、休《やす》み時間《じかん》に、放課後《ほうかご》に……。いつでも、どこでも、すぐに続《つづ》きを読《よ》みたくなるような、魅力《みりょく》に溢《あふ》れる本《ほん》をたくさん揃《そろ》えていきたい。読書《どくしょ》がくれる、心《こころ》がきらきらしたり胸《むね》がきゅんとする瞬間《しゅんかん》を体験《たいけん》してほしい、楽《たの》しんでほしい。みらいの日本《にほん》、そして世界《せかい》を担《にな》うみなさんが、やがて大人《おとな》になった時《とき》、「読書《どくしょ》の魅力《みりょく》を初《はじ》めて知《し》った本《ほん》」「自分《じぶん》のおこづかいで初《はじ》めて買《か》った一冊《いっさつ》」と思《おも》い出《だ》してくれるような作品《さくひん》を一所懸命《いっしょけんめい》、大切《たいせつ》に創《つく》っていきたい。

そんないっぱいの想《おも》いを込《こ》めながら、作家《さっか》の先生方《せんせいがた》と一緒《いっしょ》に、私《わたし》たちは素敵《すてき》な本作《ほんづく》りを続《つづ》けていきます。「みらい文庫《ぶんこ》」は、無限《むげん》の宇宙《うちゅう》に浮《う》かぶ星《ほし》のように、夢《ゆめ》をたたえ輝《かがや》きながら、次々《つぎつぎ》と新《あたら》しく生《う》まれ続《つづ》けます。

本《ほん》を持《も》つ、その手《て》の中《なか》に、ドキドキするみらい――。
本《ほん》の宇宙《うちゅう》から、自分《じぶん》だけの健《すこ》やかな空想力《くうそうりょく》を育《そだ》て、〝みらいの星《ほし》〟をたくさん見《み》つけてください。
そして、大切《たいせつ》なこと、大切《たいせつ》な人《ひと》をきちんと守《まも》る、強《つよ》くて、やさしい大人《おとな》になってくれることを心《こころ》から願《ねが》っています。

2011年《ねん》　春《はる》

集英社《しゅうえいしゃ》みらい文庫編集部《ぶんこへんしゅうぶ》